KB058211

내 마음을 부탁해

내 마음을 부탁해

온전한 자존감과 감정을 위한 일상의 심리학

박진영 지음

시공사

너무 많이 들어왔지만
아직도 잘 모르는
나 자신을 돌보는 법

우리는 일 잘하는 법이나 타인과 관계 맺는 법은 꽤 잘 알고 있고
노련하게 해내고 있습니다. 몇몇 골치 아픈 케이스만 제외하고는
시행착오를 거치면서 나름의 요령을 쌓아두었죠.
하지만 정작 '나 자신을 돌보는 일'에는 많이 서툽니다. 아마 많은
사람들이 다음과 같은 생각을 할 겁니다.

자존감이 뭔지 알긴 알아. 근데 그래서 뭘 어쩌라는 거야?
자기 감정에 솔직해야 한대. 그거 어떻게 하는 건데?
나를 챙기고 돌봐야지, 암 그렇고 말고. 근데 그게 도대체 어떤 거야?

자존감이 중요하다거나 감정에 솔직하라는 등의 애기를 많이 들어봤지만 정작 실생활에서 어떻게 적용해야 하는지 모르는 사람들을 위해 이 책을 준비했습니다. 어떻게 자기 마음을 돌볼 수 있을지 다시 한 번 되새기고, 일상에서 직접 활용해볼 수 있을 것입니다.
이번 기회에 나 자신을 아끼는 법을 터득해봅시다.

준비운동

*쉽지 않은 인생, 거친 세상 속에서 어떻게 하면 마음을 다스리며
꿋꿋하게 걸어 나갈 수 있을까요?

*말로만 듣던 자존감, 나를 아끼고 사랑한다는 것,
나를 소중히 여기는 것은 어떻게 실천할 수 있을까요?

*이 책은 일상 속에서 알아두면 좋을 심리학 연구를 간추려서 소개합니다.
더 자세한 내용을 알고 싶다면 '참고문헌'을 확인해주세요.

*이 책에는 직접 써보고 생각해보는 순서가 많이 있습니다.
적극적으로 참여해보세요.

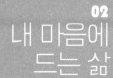

03
그럴 수도 있지

04
내 마음의
앓는 소리

01

다시
맑은 날이
올 거야

누구나
우울할 때가 있다

젖은 빨래처럼 내 감정도 쨍쨍한 햇볕 아래
말릴 수 있으면 좋겠다.
어렵게 눈을 떴지만 다시 감고 싶고,
힘을 내서 일어나긴 했지만 다시 털썩 주저앉아버리고,
다시 하염없이 천장만 바라보게 된다.

창밖은 밝은데 마음은 잔뜩 어둡다.
모든 게 다 귀찮게 느껴진다.

누구를 만나는 것도,
힘내라는 소리를 듣는 것도,
복잡한 감정을 느끼며 오락가락하는 것도
이제는 다 지겹다.

치열한
삶의 증거

감정은 분명 성가신 존재이다.
그럼에도 우리에게 감정이 꼭 필요하고
우리가 감정에 귀를 기울여야 하는 이유가 있다.
감정은 우리가 삶 속에서 무엇을 아끼는지,
내게 무엇이 중요한지를 보여주는
'진단서'이기 때문이다.

심리학자 폴 실비아Paul Silvia에 의하면
우리가 감정을 느낄 수 있는 이유는
기본적으로 우리에게 '소중하게 여기는
목표나 정체성이 있기 때문'이다.1
만약 우리가 인생에서 중요하게 여기는 것이 하나도 없고,
아무것에도 신경을 쓰지 않는다면 어떨까?
우리는 좋은 일에 대해 기뻐할 필요도,
안 좋은 일에 대해 슬퍼할 필요도 없을 것이다.

복잡한 감정의 존재는 치열한 삶의 증거이다.

마음속에 원하는 바가 있기에 우리는 집착하며 번민한다.
물론 때로는 너무 힘들어서
아무것도 느끼고 싶지 않기도 하다.
하지만 아무런 감정도 갖지 않으려면
그 무엇도 소중히 여기지 않고 중요한 일들도
철저히 외면하는 수밖에 없다.

그런 삶이라면 과연 진정으로 살아 있다고
말할 수 있을까?

경고!
경고!

감정의 소리에 귀를 기울여보자.
전반적으로 기분이 좋은 상태라면
삶이 잘 굴러가고 있다는 신호인 반면,
그렇지 않다면 '뭔가 중요한 것'을 잃고 있다는
신호라고 볼 수 있다.

'삶이 좀 이상하니 점검 요망'이라는
경고를 보내는 것과 같다.

만약 지금 마음이 우울하고 힘들다면,
또 '이불 밖은 위험해' 같은 마음이 든다면,
잠깐 멈춰서 생각해보자.
혹시 지금 내가 걷고 있는 길이
내가 원하는 그 길이 맞는지 점검해보면서 말이다.

감정의
이유

나를 울고 웃게 만드는 것들에는 무엇이 있을까?

최근 한 달 동안

기뻤던 일, 슬펐던 일,

화가 났던 일, 뿌듯함을 느꼈던 일에 대해

한번 떠올려보자.

또 왜 그런 감정이 들었는지,

돌이켜보면 무슨 생각이 드는지도 떠올려보자.

나를 웃게 한 일

- 언제

- 어디서

- 누구와

- 무엇을 했을 때

- 왜 그런 기분이 들었나요?

나를 울린 일

- 언제

- 어디서

- 누구와

- 무엇을 했을때?

- 왜 그런 기분이 들었나요?

감정이 나오는 버튼

뜻깊은 성취.

실패.

존경과 사랑을 받는 것.

뼈아픈 배신.

우리가 어떤 일에 대해 감정을 드러내는 것은

우리가 중요히 여기는 것이 무엇인지를

알아차릴 수 있게 한다.

그런데 만약 너무 소소하거나 표면적인 것,

또 스스로 통제할 수 없는 일들에

지나치게 울고 웃는다면,

감정이 매우 소모적으로

사용되고 있다고 할 수 있다.

누르면 감정이 튀어나오는 버튼이 있다면,

여러 버튼(일상의 사건) 중 어떤 버튼을 누를 때

감정이 나오게 할지

스스로 조절할 수 있어야 한다.

다시 말해 무엇에 신경을 쓸지 적절히 조절해야 한다.

모든 것에 절절맬 필요는 없다.
삶이 유난히 피곤하다고 느껴진다면
당신이 사소한 것들에 일일이
감정을 소모하고 있었을 가능성이 크다.
쓸데없이 감정을 낭비하지 말고
필요 없는 감정 버튼을 아예 차단해보자.

사소하지만 짜증 나는 일을
마음속에 떠올려보고 그 일로 향해 가는
감정 전선을 끊어버리거나
스위치를 내리는 상상을 해보자.
이런 멘탈 이미징mental imaging은
우리 삶에 실제로 유용할 때가 많다.

한 발짝
떨어져서

유명한 마시멜로 실험*에서
유혹을 이겨낸 아이들의 비결은 무엇일까?
"눈앞의 하얀 물체를 마시멜로가 아닌 '구름'이라고 생각했어요."

감정을 일으키는 어떤 대상을
그 감정과 상관이 없는 다른 대상으로
치환시키는 '추상화' 전략이
유혹을 이겨낸 비결 중 하나였다.[2]

감정은 우리의 상태에 대한 중요한 정보를
전달해주기 때문에
우리는 감정에 민감하게 반응해야 한다.
하지만 안타깝게도 감정이 주는 정보가
항상 정확한 것은 아니다.
때로는 필요 이상으로 과장되어 우리를 흔든다.

*아이들에게 눈앞의 마시멜로를 바로 먹지 않고 기다리면 상으로 하나를 더 준다고
꾀는 실험. 미래의 바람직한 결과를 위해 현재의 유혹을 이겨내는 힘, 즉 자기통제력
을 알아보는 실험이다.

이렇게 과장된 감정 때문에
마음이 너무 힘들 때는
힘든 감정을 일으키는 사건으로부터
한 발짝 떨어져서
마음속으로 전체적인 그림을 그려보자.

예컨대 어떤 일이 나를 완전히 집어삼키는
쓰나미 같아 보일 때는,
내가 파도 바로 아래에서 올려다보고 있어서 그렇지
몇 발자국만 떨어져서 전체적인 그림으로 보면
그저 작은 파도에 불과한 것이 아닐까
상상해보는 것이다.

발이 닿지 않는 깊은 물일까 봐 떨었지만
알고 보니 무릎까지밖에 안 오는 깊이였다는 걸 알고는
허탈하게 웃었던 경험이
한 번쯤은 있을 것이다.
나를 통째로 집어삼킬 것처럼 크게만 느껴지는 일을,
지나가는 먹구름이나 얕은 파도,
흩어질 연기 따위라고 조금 다르게 생각해보는 것만으로도

우리는 이겨낼 힘을 얻을 수 있다.

나의 작은
우물

자기 자신을 향하던 시선을 바깥으로 돌려보자.

같은 사건도

자기 자신의 눈(1인칭 시점)으로 상상할 때보다,

제3자의 눈(3인칭 시점)으로 상상할 때

감정의 강도가 덜 하다.3

내 안의 작은 우물에서는 엄청 크던 일도

지나가던 제3자의 눈으로 바라보면 별일이 아닌 것으로 보인다.

이 사실을 발견하지 못하면 우리는

혼자만의 상상 속에서 극단적인 생각에 빠지기 쉽다.

예컨대 작은 실수를 한 후

'큰 실수를 했네, 다들 눈치 챘을 거야,

다들 날 미워하겠지, 내 인생은 망했어'라며

혼자 아등바등한 기억이 있지는 않은가?

나와 똑같은 실수를 타인이 했고

그걸 우열히 목격했다면 나는 어땠을까?

우선 잘 눈치 채지 못했을 가능성이 가장 크다.
눈치 챘다고 해도 별로 신경 쓰지 않았을 가능성 또한 크다.
또 잠깐 신경 쓴다고 해도 하루가 지나면
기억이 가물가물할 것이다.
우리는 각자 자기 일을 신경 쓰기에도 벅차다.

세상은 자주 나의 작은 우물 안에서만 시끄럽다.

넓고 넓은 우주,
우주에 비하면 훨씬 작지만 여전히 큰 지구에서
나의 문제는 얼마나 클까?
이런 생각은 우리가 우리의 작은 우물을 벗어나
문제를 객관적으로 바라보는 데 도움을 준다.
친구와 크게 싸우거나 중요한 일에서 실수를 한 뒤에는
지구가 멸망할 것 같은 느낌을 받는다.
그러나 막상 한 발짝 떨어져서 생각해보면,
친구 사이의 흔한 다툼,
생활 속 흔한 실수라는 걸 깨닫게 된다.
'뭐야, 별거 아니었잖아.'

지금 당신은?

토리 히긴스Tory Higgins 등의 학자들에 의하면 우리의 자아는 우리의 목표와 주변의 기대에 따라 이상적인 나ideal self(예를 들어, 여행을 하며 자유롭게 사는 것), 되어야 하는 나ought self(예를 들어, 높은 연봉에 안정적인 직장을 다니는 것), 실제 나actual self, 되고 싶지 않은 나undesirable self 등으로 나눌 수 있다.

그리고 각각의 자아 사이에 갭gap이 생길 때, 우리는 부정적 정서를 느끼게 된다.4 구체적으로, 이상적인 나와 실제 나 사이에 갭이 생길 때에는 '실망감'이, 되어야 하는 나와 실제 나 사이에 갭이 생길 때에는 '불안'과 '죄책감'이 생긴다.

그리고 무엇보다 정말 피하고 싶은 어떤 상태(예를 들어, 직업이 없는 것만은 피하고 싶다)와 실제 나 사이의 갭이 좁아질수록 여러 가지 부정적 감정을 크게 느끼게 된다.

물론 실망, 불안, 죄책감이 밀려오는 이유는 다양하다. 하지만 만약 내 삶이 내가 원하는 대로 굴러가지 않는 것 같고, 실망과 불안 같은 감정이 나를 지배하고 있다면 한번 생각해보자.

나의 꿈과 이상은 무엇인가?
타인이 내게 기대하는 바는 무엇인가?
내가 꼭 피하고 싶은 상태는 무엇인가?
그리고 나의 현실은 어떠한가?

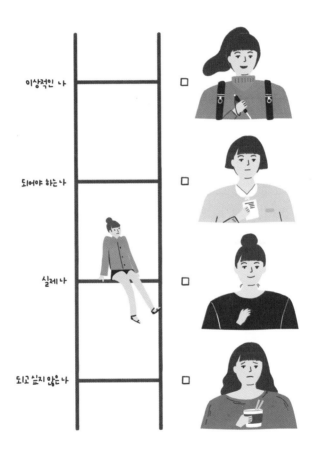

이상적인 나

되어야 하는 나

실제 나

되고 싶지 않은 나

수평적인
인생

인생을 계속 위로만 올라가는 사다리와 같다고 생각하면
현재 위치를 확인하며 수시로 좌절하기 쉽다.
또한 사다리는 얼마큼 올라갔는지,
즉 '결과'만 보여주기 때문에 정작 중요하게 여겨야 하는
삶의 과정에 신경을 쓰지 못하게 된다.
이렇게 삶을 '수직'으로 바라보는 관점을 갖게 되면
그 누구도 스스로의 삶에 만족하기 어렵다.
목표가 점점 더 높아지기 때문에
아무리 성장해도 영원히 따라갈 수 없는 것처럼
느껴지기 때문이다.

높이가 없는, 널리 펼쳐진 평원을
걸어간다고 생각해보자.
목표 지점은 당신이 설정하기 나름이다.

어느 방향으로 걷고 싶은가?
걷는 동안 무엇을 하고 싶은가?

무엇을 먹고 마시고 보고 싶은가?
어떤 향기를 맡고 싶은가?

어떤 느낌을 갖고 싶은가?
길에서 무엇을 발견하고 싶은가?

어떤 사람들을 만나고 싶은가?
무엇을 배우고 싶은가?

이 길 위에서 어떤 의미를 찾게 될 거라고 생각하는가?

당신이 만들어가는 삶은,
그 안의 행복은 어떤 모양인가?

안경을
벗자

한편 삶에 딱히 문제가 없는데도
단지 사고체계가 지나치게 부정적이어서
늘 우울감을 느끼는 경우도 있다.

"나는 안 될 거야.
 내 미래는 어두울 거야.
 세상은 엉망진창이고 믿을 수 없는 곳이야."

나 자신, 미래, 세상에 대해
습관적으로 부정적인 태도를 지니고 있지 않은가?
사실 따지고 보면 별 근거가 없는데도,
다른 사람들에 비해 유독 내가 안 될 거라고 생각하고
유독 내 미래만 어두울 거라고 생각한다.

또 세상의 좋은 일들을 전부 제치고
내게는 나쁜 일들만 일어날 거라는,
아무 근거도 없이 무작정 부정적으로 보는
안경을 쓰고 자기 자신을 바라본다.

이렇게 모든 상황을 다소 부정적으로 해석하는 사람들의 경우,
훨씬 쉽게 부정적 정서를 겪게 된다.5
이런 식으로 우리의 부정적인 편견은
불행을 실현시킨다.
그러고는 '거봐 세상은 살만하지 않지?'라고 속삭이며
다시 자신과 세상에 대해
부정적 태도를 갖게 만든다.

부정이라는 렌즈를 낀 안경만 벗어버리면
조금 더 나은 세상을 볼 수 있을 텐데 말이다.

극단적 사고방식

다음의 문장에 얼마나 동의하는가?

일에서 실패하면 나는 인간으로서도 실패하는 것이다.
사람들이 날 좋아하지 않으면 나는 행복할 수 없다.
운이 좋지 않으면 아무것도 할 수 없다.

이런 모 아니면 도 식의 극단적인 사고들은 우리 인생에서 얼마나
맞는 말일까?

우선 첫 번째 문장을 뜯어보자.
정말 한 번 실패하면 내 인생 전체가, 그 수많은 시간과 경험들이
쓸모없어지는 걸까? 이렇게도 생각해보자. 대부분의 사람들이 일
에서 성공을 거두는가? 그렇지 못한 사람들은 인간도 아닌가?

심리학자 폴 실비아는 "어렵고 힘든 일을 당연히 잘해내야 한다는
높은 기준을 스스로 세워놓고 그것을 달성하지 못해 좌절하는 행
동을 반복할수록 우울해지기 쉽다"고 했다.6

실제로 자기 자신이나 자신의 수행에 대해 높은 기준을 가지고 있는 사람들(예를 들어, 완벽주의자)은 그렇지 않은 사람들에 비해 높은 우울 증상을 보인다.[7]

따라서 한 번 실패하면 인생이 망할 것이라는 극단적인 생각을 갖거나 자신에게 지나치게 높은 기준을 세우고 좌절하길 반복하는 습관은 버려야 한다.

두 번째와 세 번째 문장을 살펴보자.

사람들과의 관계나 운이 중요하긴 하지만, 그것이 우리 인생의 전부를 차지하는가? 갈등이 발생하면 나는 그것을 해결할 능력이 전혀 없는가? 관계 말고 다른 부분에서 얻을 수 있는 행복은 없는가? 운이 좋지 않다면 나의 노력은 아무 의미도 없는가? 결과가 좋지 않으면 나는 아무런 깨달음이나 성장도 얻지 못하는가?

이렇게 극단적인 사고방식과 함께, 내가 통제할 수 없는 외적 요인의 힘을 과대평가하는 한편 자신의 힘을 과소평가하는 사고방식 역시 지속적인 우울감을 불러온다.[8]

정기적으로 건강검진을 하듯, 이런 그릇된 사고방식들이 나에게 나쁜 영향을 미치고 있지는 않은지 때때로 점검해보자.

내 장점
발견하기

자신과 세상에 대한

습관적인 부정적 사고방식에서 벗어나기 위해서는,

또 행복과 건강을 얻기 위해서는

어느 정도 긍정적인 자기지각을 갖는 것이 좋다.

그런데 이때 중요한 사실은 자신에 대한

부정적 인식이 줄어든다고 해서

반드시 긍정적 인식이 증가하는 것은

아니라는 사실이다.

우리는 자신의 안 좋은 점들에 대해

계속해서 확인하고 알아내려는 습성이 있다.

그래서 우리는 자꾸만 스스로의 안 좋은 점을 의식하게 된다.

그런데 이것은 나의 좋은 점들에 대해 거쳐야 하는 과정이다.

나의 좋은 부분들을 계속 확인하고 알아내려고 해야

평소에 의식할 수 있기 때문이다.

나의 초점이 지나치게 단점에 맞춰져 있다면

더더욱 이런 의식적인 노력을 해야 한다.

당신에게 어떤 괜찮은 점들이 있는지 생각해보자.
자신의 장점을 다섯 가지 정도 떠올려보자.
친구들에게도 물어보고 가족들에게도 한번 물어보자.
지금 떠올린 당신의 장점이 맘에 든다면, 힘들고 자존감이
무너질 때마다 똑같이 생각해보자.
'그래, 나 이런 사람이야!' 하고 확인해보는 것이다.

다시
맑은 날이 올 거야

감정이란 것이 기본적으로
내 상태에 대한 나름의 진단이긴 하지만
감정이 발생하는 이유에는
뚜렷한 것이 없을 때도 많다.
가끔은 아무런 이유 없이
이런저런 감정이 밀려왔던 경험이 있을 것이다.

어떤 사람들은 타고나길 정서적 불안정성이 높아서
작은 일에도 기분이 요동치고 롤러코스터를 탄다.
기본적으로 긍정적 정서성이 높아서
늘 기분이 좋고 에너지가 넘치는 사람이 있는 반면,
그렇지 않은 사람도 있다.9
오늘 아침에 먹은 빵이 맛없어서,
날씨가 별로여서 등등,
우리가 통제할 수 없는 다양한 외적 요인으로부터
복잡한 감정들이 밀려오기도 한다.

그렇기 때문에 어떤 감정을 느낀다고 해서
그것이 전적으로 자신의 책임이라고 느낄 필요는 없다.

특히 우울하거나 무기력함을 느낄 때
'나는 왜 이 모양이지'라며 자책할 필요는 전혀 없다.
날씨도 언제는 맑았다가 언제는 흐리고 폭풍이 몰아치듯,
우리의 감정도 별다른 이유나 잘못 없이 변덕을 부린다.
또 내 인생이 내 마음대로 흘러가지 않는 것은
내 잘못 때문이 아니다.

때로는 뚜렷한 원인으로 인해 우리에게 말을 걸기 위해,
감정이 밀려오는 경우도 있다.
이럴 때는 그 메시지를 잘 듣고 생각해보아야 한다.

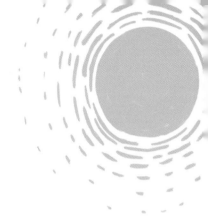

하지만 그렇지 않은 경우,
그저 파도가 밀려오고 다시 밀려나가듯,
이 감정 또한 밀려왔다가 다시 밀려나가겠구나 하고
흘려보낼 줄 알아야 한다.

비가 오면 비가 오는구나,
바람이 불면 바람이 부는구나 하고
담담히 받아들이며 우산을 쓰고
옷을 여미며 살아가듯 말이다.
그러다 해가 반짝 비치면 '오늘은 날씨가 좋군' 하며
기지개를 켜고 다시 맑은 날을 만끽하듯 말이다.

감정의
신호

여전히 마음이 흐릴 때,
특히 눈앞에 큰 스트레스가 한가득일 때
마음가짐을 어떻게 해야 할까?

나를 가장 힘들게 하는 일들은 어떤 것일까?

일이나 공부?
인간관계?
집안 문제?

현재의 느낌을 기억한 채 다음을 생각해보자.

지금의 문제들을 일주일 후에 돌아보면 어떤 기분이 들까?
10년 후에 돌아본다면 어떤 기분이 들까?

삶의 힘든 일들을 바라보는 태도는 크게 두 가지다.
"다 망했어. 나는 다시 일어날 수 없을 거야. 이제 끝이야"
라며 절망하거나, 아니면

"지금은 넘어져서 웅크리고 있지만 언젠가 다시 일어설 거야.
지금까지도 그래왔잖아!"
라며 툴툴 털고 일어나거나.

앞에서도 말했지만
힘들 때 많은 사람들은
그 감정의 우물에 빠져서
우물 안의 작은 하늘만 올려다보느라
그 일의 영향력을 부풀려 생각한다.

감정의 우물에 갇혀버리는 순간
실은 자신이 그간 비슷한 유의 문제들을
얼마든지 잘 견뎌왔으며
충분히 이겨냈다는 사실을

잊.어.버.린.다.10

우리의 감정은 뭔가 잘못되고 있으니
조심하라는 위험신호를 주고 있을 뿐인데,
우리는 이를 크게 부풀려
이제는 할 수 있는 게 아무것도 없고
삶이 망해버렸다는 신호로 받아들이는 것이다.

감정 : 조심해!
나 : 뭐?! 이미 다 망했다고?!

망각과 낮아진 자신감으로 인해
자신이 실제 망할 확률을
잘못 계산하고 과대평가하는 것이다.

우리 마음속
에어백

심리학의 많은 발견들은 한결같이 이렇게 말한다.
어떤 힘든 일이 일어났을 때
당시에는 힘들 수 있어도,
우리는 우리가 '생각하는 것보다'
훨씬 잘 적응하고 잘 버티는
슈퍼맨이라고 말이다.

사랑하는 사람과 영영 헤어지거나
큰 사고를 당하는 등의 일이 일어나도,
지나고 나면 어느 정도 평정을 되찾고
새로운 삶에 적응한다.11
6년 동안 감옥 독방에 갇히는 끔찍한 상황에 처한 사람도
나름의 '적응법'을 발견해내며
생각보다 잘 버텨내더라는 연구가 있다.12

우리의 마음은 단단한 고무줄처럼
풍파로 인해 늘어났다가도 다시 제자리를 찾는다.
우리의 마음 어딘가에는 생각보다
많은 무게를 감당할 수 있는 에어백이
작동하고 있기 때문이다.
그렇기 때문에 단 한 순간도 쉽지 않은 삶이란 것을
지금껏 살아온 것일 테다.

그리고 이런 마음의 힘을 알면
힘든 상황을 잘 이겨낼 수 있다.
내 마음은 생각보다 훨씬 큰 힘을 가지고 있다는 사실을 아는 것,
즉 당장 내 눈앞에 보이지 않더라도
지금까지 나를 버티게 해준 고마운 힘들이
분명 어딘가에서 나를 지탱하고 있다는 사실을 아는 것,
그리고 무엇보다 언젠가는 지금의 힘듦이 지나가고
맑은 날이 찾아올 확률이 높다는 사실을 아는 것
(고통의 비영구성에 대한 인식)이
버틸 수 있는 힘과 희망을 준다.

이런 인식을 통해 두려움에 잡아먹히는 것이나
비이성적인 생각에 사로잡히는 것을 어느 정도 막을 수 있다.

그냥
지나가는 일

실제로 평소에 '이 또한 지나가리' 또는 '나중에 생각해보면 별일 아닐 거야'라는 생각을 자주 하는 사람들은 그렇지 않은 사람들에 비해 부정적인 상황에 맞닥뜨렸을 때, 긍정적인 정서는 비교적 많이 느끼는 반면 부정적인 정서는 비교적 덜 느끼는 경향을 보인다.[13]

이들은 다양한 정신 건강 지표에 있어서도 더 건강한 모습을 보인다. 매사에 비교적 낙관적인 경향을 보이며 삶에 대한 만족도도 더 높다. 반면 걱정이나 불안, 우울 등의 증상은 비교적 덜 보인다. 또한 자신의 삶을 원하는 대로 이끌어가고 있으며 그럴 능력이 있다는 믿음, 즉 통제감도 더 높은 편이다.[14]

'끝내 이기리라' 하고 믿는 사람들은 그렇지 않은 사람들에 비해, 예컨대 시험 같은 스트레스 상황에서 시험 자체를 중요하게 생각하는 것 못지않게 스스로 시험에 대처할 수 있는 능력 또한 높게 평가하며 자신감을 드러낸다.

반면 언젠가는 고통이 지나갈 것이라고 생각하지 않는 사람들은 시험에 대한 중요성은 잘 알고 있지만, 자신의 능력을 과소평가하며 어차피 안 될 거라고 노력도 하지 않은 채로 포기해버리는 경향이 있다.[15]

이길 수 있을 거라는 희망이 없다면 아예 시도조차 하지 않고 그냥 주저앉아버리는 것이 사람이다. 그래서 때로는 하찮고 사소해 보일지라도 희망의 존재가 중요하다.

물론 이길 수 없는 일도 존재한다. 하지만 그 경우에도 항상 '끝'은 존재한다. 어쨌든 끝이 있으리라는 것, 그리고 좌절할 경우에도 내 안에는 나를 다시 일어나게끔 만드는 힘이 존재한다는 사실을 아는 것은 여전히 중요하다.

'이 또한 지나가리라. 그리고 삶은 계속되리라.'
이것은 현실 회피가 아니다.
고통을 마주하되 그 '비영속성'을 깨닫는 것이다.
그리고 내 안의 강인함과 잠재력을 믿어보는 것이다.
우리는 물가에 무방비하게 방치된 어린아이가 아니다.
다행히도 우리에게는 고통에 맞설 수 있는
무기가 숨어 있다.

나의
대견한 점

그간 잊고 있었던, 또는 무시하고 있었던
내 안의 힘에 대해 생각해보자.
당시에는 해낼 수 없을 거라고 생각했지만
지나고 보니 그럭저럭 잘 버티고 해결한
일들에는 무엇이 있는가?

나의 경우
초중고마다 새로운 환경에 잘 적응한 것,
힘들었던 인간관계에 대해
이제는 크게 힘든 감정 없이 어느 정도
객관적으로 바라보며 정리해볼 수 있게 된 것,
혼자서도 심심하지 않을 수 있는
방법을 터득한 것 등이 있다.

우리 사회의 사람들은, 자신의 단점은 칼같이 잘 보면서
자신의 장점이나 대견한 일에 대해서는
'그 정도는 당연'하다고 여기며
지나치게 높은 기준을 들이밀고 성과를 깎아내리는 등
불공정한 평가를 내린다.

우리가 가진 강함에 인격이 있다면,
이 불공정한 처사에 매우 불만이 많을 것이다.
단점에게는 조금만 보여도 관심을 주는 반면,
자기(장점, 강함)에게는 아무리 멋지게 해내도 관심을 주기는커녕
이거밖에 안 되냐며 욕만 한다고.

지금부터라도 당신의 대견한 점을 잘 알아주고
공정한 관심을 주는 게 어떨까?

02

내 마음에 드는 삶

자존감
사수하기

미국에서 한 흑인 여성이
'흑인인데 자신감 있어 보이네? 실은 자신감 없는데
자신감 있는 척 연기하는 거 아냐?'라는
어리석은 공격을 받고
'나의 자신감은 나의 피부색이 아닌,
내가 고귀하고 소중한 사람이라는 변치 않는 사실에서 온다'고
당당하게 답해서 화제가 된 적이 있다.[1]

당신이 만약 이런 어처구니없는 공격,
이를테면 "너 사실 별로 쓸모없는 인간이지?"
"네가 무슨 가치가 있는데?"라는 질문을 받게 된다면
어떤 대답을 하게 될까?

앞에서 우리는 때때로 밀려오는
힘든 감정들을 이겨내고 스스로를 대견하게
여길 줄 아는 기술을 터득했다.
사실 이것만으로도 우리는 크고 작은 파도들에
덜 휩쓸리는 굳건함을 가질 수 있다.

하지만 그럼에도 이따금씩 난데없이 파고드는
존재론적인 질문들과, '쓸모없다는 느낌',
'가치 없는 존재라는 느낌' 등에 시달리곤 한다.

굳이 나쁜 일이 생기지 않아도
자존감이 추락하는 경험 하나만으로도
우리는 나락을 경험하는 동물이다.
그러다 보니 '자존감 사수'가 삶의 중요한 과제가 된다.

자존감 사수, 어떻게 하는 걸까?
언젠가 나도 흔들리지 않는 자존감을 가질 수 있게 될까?

나에 대한
느낌

우리는 대부분의 중요한 대상들에 대해
좋거나 싫다는 등의 감정을 가지고 있다.
즉 나름의 '판단'을 내리고 있다.
이 음식이 좋고 저 음식은 그저 그렇고,
이 색깔이 좋고 저 색깔은 우중충하다는 등 말이다.
사람에 대해서도 이 사람은 좋은데 저 사람은 미묘하고
또 저 사람은 약간 불편하다는 식으로 판단한다.

그리고 이와 비슷하게 우리는 '나'에 대해서도 판단을 내린다.

사람은 태어나서 다섯 살 정도가 되면

이미 뚜렷하게 '무엇이 나이고

무엇이 내가 아닌지'에 대한 인식을 갖게 된다.

나의 성별, 내 친구, 우리 가족,

내 것과 내 것이 아닌 것을 구분한다.

그리고 늦어도 이때쯤 '자존감'의 개념도 갖게 된다.[2]

아름답고 좋은 것과 더럽고 나쁜 것 중

어떤 것이 더 '나다운 것'인지 판단하게 했을 때

(주로 좋은 것이 자기 자신이라며) 일관된 판단을 내리기도 한다.

'나'라는 존재, 하나의 덩어리를 느끼게 되면서

나에 대해서도 이러쿵저러쿵 판단을 내리는 것이다.

이렇게 '자아'라는 존재를 깨닫게 되었을 때

그 내용물에 대해 내리는 굵직한 '호불호'의 판단을 자존감이라고 한다.

자존감이라는 말의 뜻은

(자)스스로를 (존)존중하는 (감)느낌이다. 다시 말해,

내가 생각했을 때 내가 괜찮은 인간이라고 생각되는지,

아니면 별로라고 생각되는지,

또는 '나도 이런 내가 좋거나 싫어'라고 하는

자기 자신에 대한 주관적인 판단이다.[3]

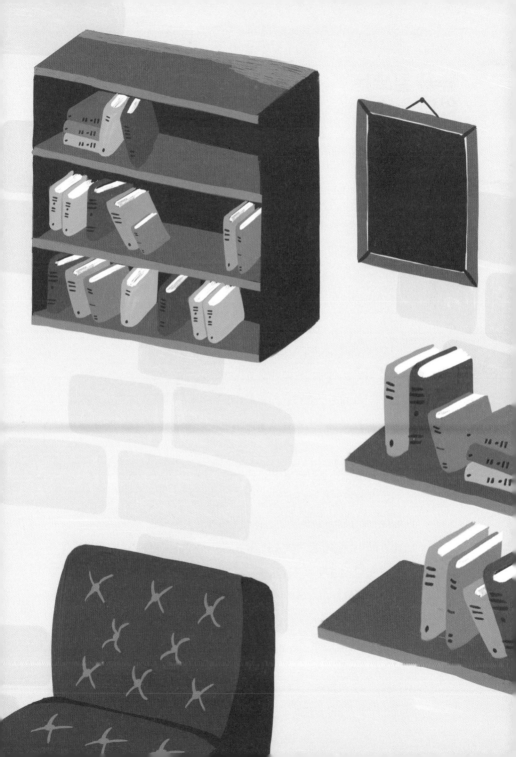

높을 필요는
없다

자존감은 무조건 높아야 좋을까?

그렇지 않다.

우리는 자기 자신을 엄청나게 긍정적으로

지각할 필요가 없다.[4]

많은 사람들이 자존감을 어떻게 높일 수 있는지 묻지만

사실 '자존감 높이기'는 그리 중요하지 않다.

내가 타인을 미치도록 좋아할 필요가 없듯,

나 자신에 대해서도 마찬가지이기 때문이다.

내가 나를 좋게 생각하는 정도는 미친 듯이 높을 필요가 없다.

자존감이 엄청 높지는 않지만

나름대로 괜찮은 사람도 있다.

'나는 내가 막 대단하고 엄청난 사람이라고

생각하지는 않지만 그래도 괜찮아' 하고 생각하는 것이다.

사실 이런 사람의 자존감이

더 현실적이고 건강한 건지도 모른다.

다른 사람에게 무시당했을 때
발끈하거나 '공격성'을 보이는 사람은
보통 자존감이 진짜 낮기보다
자존감이 높은 편이라는 연구도 있다.5
'내가 막 대단한 사람이라고 생각하지 않아'라는 생각과
'나는 대단한 사람이라고!'라는 생각의 차이랄까.

흔히 자존심(전문용어는 아니다)을 부린다고 하는 사람들의 경우,
스스로를 가치 없는 존재라고 여기기보다
'대단한' 무엇이라고 여기고 있는 경우가 많다.
거기에 더해 이런 자신의 가치를 '남들이' 알아보고
손뼉치길 바라는 마음이 크다.

이렇듯 단순히 자존감이 낮으면 무조건 나쁘고
높으면 무조건 좋다는 생각은 버리는 것이 좋다.
자존감이 실제로 문제가 될 때는
자존감이 지나치게 낮을 때, 즉 자신을 조금도
좋아할 수 없을 때와 자존감이 불안정할 때다.

지나치게 낮거나
불안정할 때

자기 자신을 지나치게 싫어하거나(지나치게 낮은 자존감)
자기 자신에 대한 생각이
긍정과 부정을 왔다 갔다 하는 경우(불안정한 자존감)는
물론 문제가 된다.6
우리는 누구나 자기 자신과 한평생 살아가야 하는데
그 자신을 너무 싫어하면
나라는 존재를 마주하거나 현실을 떠올릴 때마다
괴로울 수밖에 없다.

이럴 때는 내가 그렇게나 싫은 이유가
무엇인지 알아보는 것이 중요하다.
그 원인을 직면하게 되면
훨씬 행복한 삶을 살게 될 가능성이 커진다.
자존감 자체보다도 낮은 자존감의 진짜 원인이
무엇인지에 귀를 기울여야 한다.

자존감이 불안정할 경우 역시 괴롭다.
자존감이 하루에도 몇 번씩 파도를 타는 사람들의 특징은
자존감이 쉽게 무너진다는 것이다.
이들의 경우 보통 남의 시선을 지나치게
의식하는 경향이 있다.[7]

잘 알지도
못하면서

A라는 사람이 있다.
10년간 알아온 사람인데,
그에 대해서는 이름과 직업 정도만 알고 있다.
'날씨가 좋네요',
'오늘은 차가 막히더라고요' 정도의 이야기 말고는
사적이고 깊은 이야기를 나눈 적이 없다.

A는 늘 자신에 대한 주변 사람들의
기대와 소망만을 이야기한다.
그가 어떤 사람이 되어주었으면 하는지에 대한
부모님이나 직장 상사들의 이야기 말이다.
그는 자신이 원하는 것에 대해 이야기하는 법이 없다.
그래서 그가 습관적으로 하는 이야기들이
자신의 바람인지 남들의 바람인지 알기 어렵다.

그는 어떤 사람일까?
그를 인간적으로 좋아할 수 있을까?

자신을 드러내지 않는 그,
어쩌면 드러내는 법을 모르는 그를
우리는 잘 알 수도 없고 좋아하기도 힘들 것이다.
자기 자신을 좋아하게 되는 것 역시 이와 비슷하다.
자기 자신에 대해 잘 알지 못하면,
우리는 자기 자신을 좋아하기 어렵다.

좋아하는 척은 할 수 있다.
또 최소한의 보호 행위로 다른 사람들의 무시나
외부의 공격을 방어할 수는 있다.
하지만 내가 나를 좋아하게 되는 일은,
그것과는 또 다른 문제다.

나에 대한
질문

자기를 아는 것은, 사실 말처럼 쉽지가 않다.
"당신은 어떤 사람인가?"라는 질문에
유창하게 대답할 수 있으면 그나마 괜찮다.
하지만 생각보다 많은 사람이 이 질문에
시원하게 대답하지 못한다.

왜 사람들은 이 질문에 명쾌하게 답하지 못하는 걸까?
그 이유 중 하나는 '나'라는 존재가 살면서
계속 발견해나가고 계속 새롭게 만들어나가는
존재이기 때문일 것이다.
어느 순간에 딱 무엇이라고 정의하기
어려운 존재 말이다.

하지만 대부분은 그다지 깊게 생각해본 적이 없기 때문에
명쾌하게 답하지 못하는 경우가 많을 것이다.
비교적 쉽게 자기 자신에 대해
깊게 생각해볼 수 있게 하는 질문이 있다.
바로 '의미'에 대한 질문이다. 예를 들어 다음과 같다.

* 당신을 '당신답게' 만들어주는 삶의 목표 또는 가치들은 무엇인가요? 또는 살면서 '이것만은 놓칠 수 없다'고 생각하는 중요한 가치들이 있다면 무엇인가요? 중요한 순서대로 세 가지만 적어 보세요.
(예: 배움과 성장, 부, 권력, 배려, 행복, 평화, 꿈, 여행, 창의성, 재미, 아름다움의 추구 등.)

1)
2)
3)

* 이제 1, 2, 3위 순서대로 그것이 당신에게 있어 '왜' 중요한지, 당신의 삶에 있어 어떤 의미를 가지고 있는지 자세하게 적어보세요.

_____

_____

_____

_____

_____

_____

나
이런 사람이야!

이렇게 사람들에게 중요한 가치 몇 가지와
그 '의미'를 떠올려보게 하면
(이런 과정을 '자기 확인self-affirmation'이라고 한다)
자존감이 향상되고 불안이 사라지는 등의 효과가 나타난다.
단지 잠깐 동안 글을 끼적이거나
머릿속에 떠올리기만 했는데도 말이다.[8]

우리는 자신이 어떤 사람인지 생각해보는 것만으로도
'그래 맞아. 나 이런 사람이었지',
'내게 이런 것들이 중요했지' 하는 등등
묘한 자부심을 얻고 스스로를 더 존중하게 된다.

이렇게 조금이라도 스스로에 대해 생각해보는 것,
조금이라도 더 자신에 대한 생각들을
확립해가는 과정이 중요하다.

사람과의 관계에서도 서로 알아가려고 노력하다 보면
어느 순간 '아, 이 사람 괜찮은 사람이구나'라는 확신이 느껴진다.
그래서 사람을 섣불리 판단하지 말고
자신을 충분히 알릴 기회를 주라고 이야기하는 것이다.

나에 대해서도 마찬가지다.
나 같은 건 쓸모없다고 섣불리 판단하기 전에
나를 충분히 알게 될 기회를,
실은 괜찮은 사람임을 알게 되는 순간을
만드는 게 필요하다.

참고로, 이런 자기 확인은 특히 삶이 힘들 때 큰 도움이 된다.
스트레스가 많을 때 우리는 수행이 평소에 비해 뚝뚝 떨어진다.
그럴 때 '나에게 중요한 가치가 무엇인지',
'나는 어떤 사람인지' 잠깐 생각해보면
스트레스가 없었던 것처럼
다시 수행이 좋아지는 현상이 나타난다.9

또한 긴장되는 순간,
예컨대 중요한 협상 등을 눈앞에 두고 있을 때
자신의 강점, 위기를 헤쳐 나갈 수 있는 잠재력,
중요한 협상스킬 등을 떠올린 사람들은
그렇지 않은 사람들에 비해 자신감을 갖게 되고,
그 결과 더 좋은 성과를 냈다는 연구도 있다.[10]
발표나 면접을 앞두고 있을 때 한번 써먹어보자.

"그래, 나는 이런 사람이었어!"라는
확신의 효과가
이렇게나 대단하다.

나를
지탱하는 힘

우리는 주변의 인정, 성적/실적이나, 외모,
도덕성, (국가, 가족, 학교, 직장 등) 소속 집단의 명예 등
삶의 다양한 영역에 자존감을 조금씩 나눠 걸고 있다.
그리고 사람마다 자신의 자존감을 걸어둔 영역은
조금씩 다르다.11

예컨대 성적에 자신의 가치를 크게 걸어두는 사람들은
시험 점수 1~2점에 자존감이 오르락내리락 할 수 있다.
또 성적이야 어떻든 상관없지만
인간관계만큼은 좋아야 한다고 생각하는 사람들은
관계가 조금만 삐끗해도 마음에 큰 상처를 입는다.

나 자신이 가장 크게 자존감을 걸고 있는 부분은
무엇인지 생각해보자.
어느 영역에서 크게 실패하거나 망신을 당하면
삶이 통째로 망한 것처럼 느껴지겠는가?

만약 자존감 지지대가 스쳐 가는 바람에 쉽게 흔들리거나
극단적으로 어느 하나에 지나치게 집중되어 있다면
그건 좀 위험하다.

나는
내가 좋아

자존감을 걸고 있는 기둥이 안정적이지 않을 경우,
즉 쉽게 변할 수 있거나 내가 통제하기 어려운 무엇일 경우
우리의 자존감은 위태로울 수밖에 없다.
자존감은 원래 낮게 유지될 때보다
높이 있다가 추락할 때 더 끔찍한 법이다.
따라서 자존감 기둥이 안정적이지 않으면 지나가는 사람의 평가나
현실과 동떨어진 상상 때문에 수시로 추락을 경험하게 된다.

이런 불안정한 자존감은 '낮고 안정적인' 자존감보다
더 문제가 많을 수 있다는 연구도 있다.12
이런 경우 좌절을 많이 겪은 나머지 '분노'가 많고
'공격성'이 높은 사람이 되기도 한다.

그렇기 때문에 자존감을 (평가에 취약한) 외적인 무엇보다
나의 '내적 가치'에 더 많이 걸어두는 것이 좋다.
당신의 중요한 가치, 또는 당신이 좋아하는 당신만의 특징에
자존감을 걸어두라는 얘기다.

'책을 좋아하는 내가 좋아',
'사과를 잘 깎는 내가 좋아',
'혼자서도 잘 노는 내가 좋아',
'미식가인 내가 좋아' 등등,
누가 뭐라고 하든 나 스스로 좋다고 할 수 있는
그런 특성들을 자잘하게 개발해두는 것이다.

이런 내적 특성들은 만족도나 비교에도 훨씬 강하다.13
만약 성적이나 월급 액수에 따라 자존감이 왔다 갔다 한다면
1등이나 상위 1퍼센트 같은 객관적 순위에 들기 전에는
스스로 만족하기 어려울 것이다.
또한 끊임없이 주변 사람들과 비교할 수밖에 없다.

하지만 내적 요소들의 경우 비교하기 어려운 것들이
많기 때문에 이런 과정을 거치지 않아도 된다.
혼자서도 잘 노는 나의 모습이 좋은데
이걸 누구랑 어떻게 비교해서 평가하겠는가?

내 속의 특별한 점

자존감을 걸어두는 내적 기준들을 다양하게 갖게 되면
건강한(안정적이면서 심하게 낮지 않은) 자존감을 가질 수 있다.

내가 좋아하는 나의 내적 특성들은 어떤 것이 있는가?
성격, 태도, 사고방식, 버릇 등을 생각해보자.

내가 나를 친구로 삼는다면, 나의 어떤 점이 좋을 것 같은가?
예를 들어, 이야기를 재미있게 한다, 표정이 다양하다,
잘 먹는다, 아는 게 많다 등등.

나에게는 어떤 괜찮은 부분이 있는가?

내 기준에
따라서

사람들을 많이 신경 쓰다 보면

나에 대한 사람들의 말이나 평가가

마치 '객관적'인 진실인 양 들릴 수 있다.

하지만 그들도 나와 같은 사람이며

그들의 판단 역시 주관적임을 잊지 말자.

때로는 나에 대한 감정 때문에 평가가 편향될 수도 있다

(내가 나빠서 안 좋게 보는 게 아니라

단지 나를 미워해서 안 좋게 보는 것).

또 미움을 받는 데에도 항상 그럴 만한 이유가 있는 건 아니다.

내 문제 때문이 아니라

사람들 자신의 문제 때문에 나를 미워할 수도 있다.

예컨대 자기는 불행한데 행복해 보이는 내가 밉다든가,

자신감 없는 자기에 비해 자신감 넘치고

스스로를 사랑하는 것 같은 내가 아니꼽다든가.

그들이 느끼는 이런 감정은 그들의 부족함이고

그들이 스스로 받는 위협이지 나의 잘못과는 상관이 없다.

애초에 그들의 문제이기 때문에
내가 이렇게 할 수 있는 부분도 아니다.
이건 내가 그들에게 잘 보이려고 노력할 문제가 아니다.

'여자가', '○○인 주제에', '이렇게 늦은 나이에' 같은
영문 모를 공격을 받았을 때 침울해하며
자존감을 떨어뜨릴 필요도 없다.
그저 웃으며 그 말을 한 상대방에게
"미안하지만 나한테 위협 좀 받지 마"라고 하면 될 뿐.

기억하자.
남들의 평가는 어디까지나
내가 나를 더 잘 알기 위한 여러 정보 중
하나로서의 의미를 지닐 뿐 나를 재는 절대적 기준이 아니다.

자존감은 내가 나에 대해 내리는 주관적 평가이다.
그 기준은 '내가' 만드는 것이다.

삶이 송두리째
바뀌는 일

어떤 한 가지 영역에 내 모든 가치를 걸었던 적이 있는가?
여기서 실패하면 살아갈 이유가 없다고 느끼거나
이 길 말고 다른 길은 생각할 수도 없다고 느낀 경험 말이다.

어떤 목표가 절실할 때,
특히 내 모든 노력을 쏟아 부었을 때에는
마치 나라는 사람의 가치가
모두 그 일 하나로 결정되는 것같이 느껴진다.

하지만 실제로는 정말 그 일이 잘 안 되더라도
생각보다 삶이 크게 바뀌지 않는 경험을 하게 된다.
물론 아프긴 하지만.

정말 그 길이 나를 위한 길이었는지,
그 밖의 다른 길은 하나도 없는지는 아무도 확신할 수 없다.
그저 그때는 그것이 최선의 선택이었을 뿐이다.

또한 상황이 금세 바뀌어 최선이라고 생각했던 선택이
사실은 최선이 아니었음이 드러나기도 한다.

우리가 할 수 있는 일은
그저 그때그때 내가 할 수 있는 일들을
차근차근 하는 것일 뿐이다.
다시 말하지만 어떤 하나의 일이
내 삶을 송두리째 바꾸거나 무너뜨리는 일은 꽤 드물다.

인생은
도박?

만약 어떤 일 하나에 자신의 가치를
꾸준히, 지나치게 많이 걸고 있을 경우
건강한 자존감을 지속하기 어렵다.[14]

예컨대 어떤 시험 또는 입시 결과가
나라는 사람의 가치를 전부 결정한다고 생각하는 사람들은
그렇지 않은 사람들에 비해 시험에 대한 불안이 높다.
너무 긴장한 탓에 실력을 제대로 발휘하지 못할 가능성도 높다.

또한 이런 사람들은 시험이 조금이라도 잘못될 경우,
자신의 지적 능력을 넘어 자기 존재 자체가 부정당한 듯한 느낌을
받으며 자존감에 심각한 타격을 입기도 한다.

그런 반면 시험 결과가 어떻든 처음부터 시험에
자신의 전부를 걸지 않았던 사람들의 경우,
'이것은 삶의 여러 중요한 일 중 한 가지일 뿐',
'시험 성적은 나의 지적 능력을 드러낼 뿐
나라는 사람의 가치를 드러내는 것은 아니다'라고
생각하는 경향을 보인다.15

어떤 태도가 더 적응적일까? 또 현실적일까?

마치 도박처럼 하나의 목표에
인생 전부를 걸고 있는 사람들의 경우,
실패를 맛보면 '이제 모든 게 끝'이라며
극단적인 생각에 빠져들기도 한다.
같은 실패라도 주관적으로 느끼는 좌절의 크기가
훨씬 크기 때문이다.

당신은 어떤가?
지금 당신의 자존감을 가장 크게 뒤흔들고
있는 일은 무엇인가?
정말 그 일 하나가 당신의 가치를
전부 결정할 것인가?

오색빛깔
나의 색

지금의 당신이 있기까지는 어떤 일들이 있었는가?

어떤 일들이 당신을 만들었는가?

당신의 삶에는 어떤 사람들이 있었는가?

어떤 기쁨과 어떤 슬픔이 있었는가?

우리의 삶에는 많은 요소들이 존재한다.

딱히 극적이지는 않지만 내 삶을 지탱하는 데

무엇보다 중요한 존재들도 분명 있을 것이다

(친한 친구, 가족 등).

우리는 보통 중요한 일이나

감정적으로 동요가 큰 사건에 모든 신경을 집중하게 된다.

하지만 '나 자신'을 규정하는 데 있어서는

이런 몇몇 중요한 사건들이 전부가 아님을 기억하자.

친구나 가족이 건넨 인상 깊은 말,

여행 중에 봤던 아름다운 풍경,

어떤 일을 겪었을 때 느낀 슬픔과 충격 등도

꽤 큰 영향력을 갖는다.

우리는 헤아릴 수 없이 많은 크고 작은 느낌,
생각, 경험으로 만들어져 있다.
그 수많은 서로 다른 빛깔의 점들을
어떤 한 가지 사건이 단번에 전부 같은 색으로
칠해버릴 수 있을까?

우리의 인생이라는 것은 어딘가 조금 구멍이 뚫릴 수는 있어도
금세 그 구멍을 다른 경험들이 메꾸어주는 그런 것이다.

형형색색
당신의 빛은 아름답다.

행복한
삶의 증거

마크 리어리Mark Leary 등의 학자들은
자존감은 어떤 것의 원인이라기보다
이미 그럭저럭 잘 살고 있음을 드러내는
삶의 '결과물'이라고 했다.16
스스로 어떤 사람인지 잘 알고 있고
그 가치관에 따라 자신이 원하는 삶을 살면
그 결과로서 건강한 자존감이 따라온다는 것이다.

누가 뭐라고 하든,
남이 나보다 더 행복해 보이든,
나보다 더 잘나가든 말든
흔들리지 않는 자존감 말이다.

따라서 건강한 자존감은 급조하기 어렵다.
'나는 내가 좋다'는 주문을 천 번을 외더라도
진심으로 지금의 삶이, 내 모습이 만족스럽고 자랑스럽지 않으면
가지기 어려운 것이다.

그렇기 때문에 건강한 자존감에는
반드시 실천이 필요하다.
지금 이렇게 살고 있는 나와 내 삶이 대견하고 좋다는 생각이
자연스럽게 우러나오는 삶을 실제로 살아야 하는 것이다.

매일매일 '아, 이 인생 참 괜찮다' 하고 생각하며
삶을 살고living 있는가?
아니면 단지 하루하루 생존하고surviving 있는가?

내 마음에
드는 삶

"나 지금 살아 있구나!"

내가 주체가 되어 매순간 진실로 살아 있는 삶을 살자.
이렇게 살기 위해서는 가급적이면 하기 싫은 일,
자신의 꿈이나 가치관에 위배되는 일은 하지 않는 것이 좋다.
아주 조금씩이라도 '내가 생각하는 나'와 맞는 길을 걷는 경험은
매우 소중하다. 하루하루 조금씩이라도 '아, 행복하다' 하고
느낄 수 있는 일을 경험하는 것도 중요하다.

작더라도 스스로 뿌듯하다거나 자랑스럽게
느낄 수 있는 일들을 하는 것도 중요하다.
작은 봉사활동이나 무언가를 손수 만드는 등의 행동을 해보자.

매순간 뿌듯하고 행복할 필요는 없다.
다만 적어도 몇 번은 그런 순간이 있어야 우리는
이 삶이 살 만하다고 느끼게 된다.
살 만하다고 느끼고 숨통이 트여야 더 깊은 삶의 '의미'를 찾을 수 있다.[17]

자존감은 어느 날 가만히 앉아서
잠깐 마음을 가다듬는다고 해서 어느 순간 쑥 올라가는
추상적인 아이디어가 아니다.
자신이 어떤 사람이고 어떤 가치를 지녔는지 아는 일은
매일 매일의 느낌과 경험으로부터 비롯된다.
그렇기 때문에 자신에 대해 긍정적인 느낌을 가질 수 있는
경험을 많이 만들어두어야 한다.

행복을 주는
작은 일

일상에서 우리를 행복하게 하는 일들:

맛있는 것 먹기, 친구들과 양질의 대화, 낯선 사람들과의 교류, 섹스 [18]

낯선 길로 출근하기, 사진 찍기, 깜짝 생일파티,
별다른 이유 없이 오늘을 기념하기, 감사 [19, 20]

남을 위해 돈 쓰기, 아무 이유 없이 친구에게 선물 사주기 [21, 22]

봉사활동, 여행 [23]
운동, 산책, 각종 취미활동 [24]

당신을 행복하게 하는 작은 일들은 무엇인가?
이 페이지를 표시해놓고 행복이 모자라다고 생각될 때마다 펼쳐보자.

행복하게 만들어주는 것

맛있는 것 먹기

사진 찍기

봉사활동

낯선 사람들과의 교류

생일파티

출근할 때 다른 길로 가보기

감사

아무 이유 없이 친구에게 선물 사주기

여행

너그러워질 것

건강한 자존감을 위해서는 '스스로에게 너그러워지는 것_{self-}
_{compassion}'이 필요하다.
살다 보면 여전히 삶은 뜻대로만 흘러가지 않는다.
자기 자신에게 실망하는 일도 많이 생긴다.
이럴 때면 평소에 아무리 굳건하게 버티고 있었더라도
금세 자존감에 금이 간다.
이럴 땐 어떻게 하면 좋을까?

텍사스대학교 심리학과 크리스틴 네프_{Kristin Neff} 교수는
우리가 우리 자신에게 좀 더 너그러워지는 것이
중요하다고 이야기한다.₂₅

상상할 수 있는 제일 따뜻하고 자애로운 사람을 떠올려보자.
일이 잘 풀리지 않아서 속상해하는 사람에게
자애로운 사람은 뭐라고 얘기할까?
"그러게 왜 좀 더 열심히 하지 않았어. 쯧쯧"이라며
아픈 상처를 콕콕 쑤시는 말을 할까?
약점을 잔뜩 찾아서 신랄하게 비난할까?
아마 그렇지 않을 것이다.

"정말 힘들겠구나.
네가 힘든 상황에 처해 있다는 것을 알겠다.
인간은 누구나 완벽하지 않고 다 실수하고 실패한다.
이번 일을 통해서 배우고 성장하면 되니까
너무 자책할 필요 없다. 너는 잠재력이 있는 사람이다.
내 도움이 필요하면 언제든 말해다오.
내가 응원한다."

아마 이런 말을 해주지 않을까?
그런데 네프 교수는 많은 경우
사람들이 자기 자신에게 너그럽기보다
상당히 신랄하고 비판적이라고 지적한다.
"나는 이래서 안 돼."
"나는 잘하는 게 하나도 없어."
"나는 쓸모없는 인간이야."
왜 우리는 우리 자신에게 아군이 되어주지는 못할망정
가장 가까이에서 나쁜 거짓말들을 쏟아내는 걸까?

나의 역할

다음은 네프 교수가 제안한
나 자신에 대한 너그러움 자가 체크 질문이다.
한번 생각해보자.

· 단점 등 마음에 들지 않는 자신의 모습을 발견했을 때 속으로 어떻게 반응하는가?
(예, 자신에게 머저리라고 욕을 한다. 또는 괜찮다고 위로한다.)

· 어려움을 만났을 때 스스로를 어떻게 대하는가?

· 자신이 괴로워하고 있다는 사실을 무시하고 문제 해결에만 전념하는가, 아니면 잠시 멈춰서 자신을 위로하고 돌보는가?

· 일이 잘 풀리지 않을 때, 나만 이렇게 고통받고 남들은 다 행복해하고 있는 것 같다는 단절감에 시달리는가, 아니면 인생에는 원래 일정 부분 고통이 존재하며, 모든 사람들이 살아가면서 다 고통을 겪게 된다는 사실을 인지하는 편인가?

만약 자신의 부족함을 보았을 때
따뜻하게 격려하기보다 머저리라고 욕을 해대거나
네가 이래서 안 되는 거라고 저주를 퍼붓는다면,
또 어려움을 만났을 때
자기 자신을 돌볼 생각을 하지 않거나
나만 이런 고통을 겪고 있다는 억울한 생각에 빠져든다면
당신은 자신에게 충분히 너그럽지 않은 편이라고 할 수 있다.

자기 자신에게 있어 건설적인 조언자나 지지자 역할보다
삶의 의욕을 꺾어놓는 파괴자 역할을 하고 있는 것이다.

너그러워지는 법

너그러워지기 위해서는 어떻게 해야 할까?
네프 교수는 세 가지를 요소를 제안한다.26

첫 번째는 자신에 대한 친절self-kindness이다. 마음이 따뜻하고 자애
로운 사람들은 힘들어하는 사람들을 보면 고통의 이유를 불문하고
안쓰러워하며 도와주고 싶다고 생각한다. 이처럼 친절하고 따스한
마음씨를 '자기 자신'을 향해 갖는 것이다.
자신의 불완전함과 부족함을 향해 화를 내거나 스트레스를 받거나
스스로를 비난하는 대신 '그럴 수도 있지. 괜찮아'라는 따뜻한 시
선을 보내는 것이다.

자신을 향해서도
이해심과 인내심 가지기!

두 번째는 보편적 인간성common humanity에 대한 깨달음이다. 힘든 일을 겪을 때 제일 먼저 하게 되는 질문이 '왜 나에게?'라는 억울함 섞인 토로이다. 뿐만 아니라 나만 뒤처지는 것 같다는 소외감 또한 겪게 된다.

하지만 실은 대부분의 사람들이 크든 작든 나와 비슷한 어려움을 겪었거나 겪고 있다. 인간이란 모두 불완전한 존재이다. 누구나 자신의 부족함을 깨닫고 좌절하는 순간을 겪게 된다. 인간이 완전한 존재라면 세상에는 아무런 문제가 없어야 하는데, 세상은 내가 잘 알지도 못하는 각종 문제들로 뒤덮여 있다.

나의 모자람 역시 지극히 인간적인 부분이라는 점을 인식할 때 우리는 스스로에게 좀 더 너그러워질 수 있다.

누구나 인생에서 어려움을
겪는다는 사실을 깨닫기!

세 번째는 마음챙김mindfulness이다. 자신의 감정들을 좋거나 나쁘게 판단하지 않고 무시하지도 않은 채 있는 그대로 느끼는 것이다. 자신에 대한 부정적인 느낌이나 생각 역시 있는 그대로 또렷이 바라보는 연습이 되어 있을 때 자신이 빠져 있는 고통에 대해서도 더 정확하게 알수 있다.

다만 부정적인 생각과 감정들에만 빠져서 그것들을 증폭시키고 거기에 휩쓸려가는 것은 피해야 한다.

있는 그대로를 느끼되
감정의 균형을 잡을 것!

첫째, 자신을 향해서도
이해심과 인내심 가지기!

둘째, 누구나 인생에서 어려움을
겪는다는 사실을 깨닫기!

셋째, 있는 그대로를 느끼되
감정의 균형을 잡을 것!

자기연민과
자기자비

너그러워지는 것은 자기연민self-pity과는 다르다.
자기연민은 보통 자신에게 일어난 나쁜 일을
과대평가하는 것으로부터 시작한다.

이 세상에서 오직 나만 고통받고 있으며,
원래 5 정도인 고통을 10이나 된다고 과장하는 현상이 나타난다.
이런 과장 속에서 자신을 특별히 불쌍히 여기며 크게 슬퍼한다.
감정적 동요에 갇혀 자신의 문제를
객관적으로 바라보는 것도 어려워진다.

반면 자기자비에서는 감정에만 휩쓸리는 것을 경계한다.
감정을 솔직히 인지하는 한편,
객관적인 시각을 유지하려고 노력해야 한다.
또한 세상에서 나만 고통받고 있다는
비현실적이고 자기중심적인 시각보다는
(인간의) 삶이 불완전한 것은
우리 모두가 겪는 문제라는 동질감을 중시한다.

가장 최근 스스로에게 실망했거나
스스로를 비난했던 일을 떠올려보자.

그 일은 어떤 일이었나?
스스로를 비난했을 때 어떤 기분이 들었는가?

A 비난받던 내 모습을
그려보자.

B 이번엔 나 자신을 비난하던
또 다른 나의 모습을 그려보자.

C 마지막으로 자애로운 조언자이자
지지자의 역할을 하고 있는
나를 그려보자.

C의 목표는 A의 아픔을 위로하고 기운을 돋우는 것이다.
C는 A에게 어떤 말을 해줄 수 있을까?

당신은 스스로에게 C 같은 사람이 되어줄 수 있겠는가?
자애로운 태도는
타인뿐만이 아니라 나 자신을 향해서도 가져야 한다.

나를 제외시키지 말자.
나부터 나에게 좋은 친구가 되자.

그럴 수도
있지

멘탈이
강한 사람

내 감정의 주인이 되려면 어떻게 해야 할까?
태풍같이 밀려오는 각종 감정에
무방비 상태로 휩쓸리지 않고
감정과 잘 지내는 방법에는 어떤 것들이 있을까?
말로만 듣던 '마음의 평화'는
어떻게 해야 이룰 수 있는 걸까?

똑같이 힘든 일을 겪어도 더 잘 이겨내는 사람들이 있다.
소위 멘탈이 강한 사람들인데,
이들의 결정적인 특징 중 하나가
바로 부정적 정서에만 휩쓸리지 않는다는 점이다.[1]

이들에게 나쁜 일이 발생하지 않는 게 아니다.
이들은 나쁜 일이 생겨도
부정적인 감정에만 잠겨 있지 않고
여전히 유머감각을 유지하거나 작은 즐거움들을 찾아 나선다.
즐거움은 즐거움대로 느낄 줄 아는 것이다.
바로 이것이 평정심을 유지하는 비결이다.

이렇게 자신을 돌볼 줄 아는 사람들이
그렇지 않은 사람들에 비해 어려움을 잘 극복한다.
그렇다면 어떻게 해야 그들처럼 특정 부정적인 감정에만
휩쓸리지 않을 수 있을까?
어떻게 하면 마음의 평화를 찾을 수 있을까?

일상의
화

일상생활 속에서 이런저런 일로 화가 날 때면
화를 폭발시키고 싶다.
폭발시키고 나면 속이 시원해질 것 같은 생각이 든다.

사람들은 흔히 감정을 분출하고 나면
그 감정이 사그라질 거라고 믿는다.
이를 '카타르시스에 대한 믿음'이라고 한다.

그런데 실제로는 반대의 경우가 더 많다.
한 연구에서 실험참가자에게 샌드백을 치는 등 화를 분출하게 했다.
그 결과 그는 주변 사람들에게 더 공격적인 모습을 보였다.2
왜 그럴까?

일상적인 일들에 대해 화를 내는 모습을 상상해보자.
가끔씩 우리는 단지 날씨가 우중충하고 심기가 불편해서
작은 일에 꼬투리를 잡아 불같이 화를 낸다.
지나고 보면 별것 아닌 일에 말이다.

그런데 한번 화를 내고 나면, 화를 정당화하기 위해서라도
그 일이 별것 아니었다고 생각하지 않게 된다.
사소한 일은 큰일이 되고, 내게 실수한 사람은
일부러 날 괴롭힌 악마가 된다.

설령 오해라고 밝혀지더라도, 이미 낸 화를 취소할 수는 없다.
"그걸 왜 이제야 말해!"
어느 순간 화를 내기 위해 또 화를 낸다.
화를 내기 위해 화를 낼 이유를 수집한다.

미움과 분노의
고통

때로는 복수도 건강에 해로울 수 있다. 일반적으로 같은 일이라고 해도 복수를 결심한 순간 그 일은 더더욱 용서 할 수 없는 일이 된다. 또한 잊을 수도 있는 일을 계속해서 곱씹고 미움을 유지하느라, 오랜 기간 큰 고통을 겪는다.

복수의 통쾌함은 짧은 반면, 미움과 분노의 고통은 길다. 결국 복수를 한 사람들이 복수를 하지 않은 사람들에 비해 정신 건강도 좋지 않은 경향이 나타난다.[3]

복수가 반드시 나쁘다거나 해서는 안 된다는 말은 아니다. 다만 이런 위험이 있다는 사실 정도는 알고 있는 게 좋을 것이다. 복수하려는 일념으로 달려왔는데 어느새 정신 차려보니 내 행복과 건강이 바닥에 떨어져 있는 걸 보게 될지도 모르니까 말이다.

또한 장기적으로 화를 내는 것은 육체적으로나 정신적으로 소모가 크기 때문에 '너는 화도 안 나냐'며 타인에게 지속적인 분노와 복수를 강요해서는 안 된다.

특히 지속적인 싸움이 필요한 약자들이나 피해자의 경우, 많이들 상대방에 대한 분노 못지않게 스스로를 용서하지 못하고 자기 자신에게 화를 내고 있다. 따라서 그들에게는 우선 자신에 대한 분노를 거둘 것이 장려된다.

그리고 나아가서는 불의한 사건이나 가해자를 떠올렸을 때 감정적 소모가 크지 않을 수 있게 하는 편이 바람직하다.
사건으로부터 감정적으로 적당히 거리를 두고 '이것은 잘못된 일이므로 바로잡아야 한다' 정도의 객관적 시선을 유지할 수 있을 때 일상생활을 영위할 수 있다. 그래야 자신의 행복과 건강을 챙기며 지속적이고 장기적으로 싸우는 것이 가능하다.

"자신에 대한 분노를 거둘 것."

응어리진
감정

어떤 사람들이 화와 슬픔을 오래 느낄까?

감정은 고정된 것이라고 생각하는 사람
"한번 생기면 마음속에 응어리처럼 자리를 잡는 거야."
vs
감정은 스쳐 지나가는 것이라고 생각하는 사람
"그냥 잠깐 왔다가 지나가는 거야."

감정이 고정되어 있다고 믿는 사람들은
작은 일로도 쉽게 화를 내고,
슬픔 같은 감정도 오래 느끼는 경향을 보인다.

감정은 끌어안고 있는 만큼 우리 안에 머무르게 된다.
잘못된 믿음 때문에 감정에 쉽게
휩쓸리고 있는 것은 아닌지 생각해보자.
감정은 자연스럽게 놔둘 때 흐르게 되어 있다.

깔끔하게
헤어지자

감정을 흘려보낸다는 것은 어떤 것일까?
《모리와 함께한 화요일》이라는 책에는
감정과 관련하여 이런 이야기가 나온다.[5]

"수도꼭지를 틀어놓고 감정으로 세수를 하라."

슬프고 우울한 감정이 들 때 그것들을 거부하고
억지로 긍정적으로 생각하려 하거나
무시하지 않고 일단 그대로 느낀다.
"아, 이것이 슬픔이구나, 외로움이구나"라고 한껏 느낀다.
그러고 나서 "이제 충분하다. 충분히 슬픔을 느꼈다" 하며
감정을 보내주라는 얘기다.

정리하면 다음의 세 단계와 같다.

1. 감정을 있는 그대로 과장하지 않고 한껏 느낀다.

2. 지금 느끼는 이 감정이 짧게는 몇 시간, 길게는 며칠 안에

지나갈 것임을 인지한다.

3. 충분히 느꼈다고 생각하면 '끝'을 선언한다. 감정을 보내준다.

결국 감정을 느끼는 것은 '나'이다.

나여야 한다.

감정이 나를 잡고 휘두르는 게 아니라

내가 감정을 느끼고 다스리는 '주체'가 되는 것이다.

어떤 감정이 찾아왔는지 파악하고,

필요한 만큼 느끼고, 이제 되었다고 생각될 때

보내줄 수 있어야 한다.

우리는 살면서 하루에도 몇 번씩 다양한 감정과 마주친다.

그때마다 휘둘린다면 우리는 일상을

영위하지 못하게 될지도 모른다.

사람들은 모두 나름의 방법으로 감정 조절을 하며 살아간다.

이런 식으로 감정을 한껏 느끼고 보내주는 것도

한 가지 방법이 될 것이다.

안녕~

다만 조심해야 하는 것이 있다.
감정을 보내기로 했으면 잘 보내줘야 하는데
헤어진 전 남친, 전 여친처럼 시도 때도 없이
다시 그 상황을 떠올려보고 그 감정을 되살려가며
계속 스스로를 괴롭혀서는 안 된다.

이를 심리학 용어로 '곱씹기rumination'라고 한다.
"그때 왜 그랬지?"라는 부끄러움이나 실망감, 좌절, 화 등을
일이 끝난 한두 달 뒤에도 지속적으로 끌어오며
붙들어두고 있는 것이다.
혹부리영감의 혹처럼 감정을 보내주지 않고
한 구석에 혹같이 달고 있을 경우
심하면 우울증, 불안증상, 섭식장애 등을
겪을 수 있다.6

보내주기로 했으면 깨끗하게 보내줘야 한다.

감정 구분
능력

감정을 있는 그대로 '느끼는' 단계에서부터
막막해지는 사람들도 많다.
예컨대 '묘하게 힘이 빠지고 기분이 나쁜데 이게 뭐지?'라고
생각하는 등 자신의 감정을 잘 모르는 경우이다.

사실 감정이란 참 복잡하다.
기분이 나쁘다고 하면 그 안에 한 가지 감정만
들어 있을 것 같지만 실은 아주 복잡한 감정들이
동시에 들어 있을 수 있다.

그런데 이런 복잡한 감정들을 구분하고
눈치채는 능력은 사람마다 다르다.
비슷하게 기분이 나쁜 두 사람에게
지금 기분이 어떻게 나쁘냐고 했을 때

한 사람은
"어, 그냥 뭔가 축 처지고 기분이 나빠"라고 답할 수 있고,
또 한 사람은
"처음에는 화가 났는데 지금은 살짝 슬프고
무기력하고 혼란스러워. 약간 구역질이 나기도 해"라고
답할 수도 있다.

보통 두 번째 사람에 대해
감정 구분emotion differentiation 능력이
뛰어나다고 이야기한다.7

감정으로
강해지기

자신이 느끼는 감정들을 뭉뚱그리지 않고
세부적으로 파악할 줄 아는 사람들은
그렇지 않은 사람들에 비해 스트레스를 잘 견딘다.
이들은 똑같이 안 좋은 일을 겪어도
스트레스와 관련된 뇌의 섬엽과
전대상피질anterior cingulate cortex이
덜 활성화되는 경향을 보인다.
이에 대해 연구자들은 고도의 감정 구분 능력이
평정심과 관련되어 있다는 신호라고 언급했다.8

반면 우울증이나 사회공포증을 가지고 있는 사람들의 경우
그렇지 않은 사람들에 비해
감정의 구분이 모호한 경향을 보인다.

감정 구분이 모호한 사람들은 그렇지 않은 사람들에 비해
과음을 하면서 스트레스를 푸는 등
감정을 조절할 때 부적응적인 행동을 보이기도 한다.

감정 구분은 공포증을 극복하는 것과도 관련을 보인다.
한 연구에 의하면 거미에 대한 공포증을 가지고 있는 사람들이
눈앞에서 거미를 보았을 때
'못생기고 끔찍하게 생긴 거미를 보니까
소름이 돋고 몸이 떨리고 구역질이 나지만
한편으론 신기하고 흥미롭기도 하다'라는 식으로
자신의 감정을 세분화할 줄 알수록
공포증을 잘 극복하는 경향을 보였다고 한다.[9]

감정을 '그냥 기분이 안 좋다' 이상으로
구분할 줄 아는 것만으로 스트레스에 강해지고
심한 공포를 극복하게 될 가능성이 있다는 것이다.

살아 있는 감정
느끼기

우리는 수동적으로 외부의 자극을 그대로 받아들이기보다
그 자극을 토대로 자기만의 '해석'을 내린다.
그리고 그 해석된 결과물을 최종적인 감정으로서 경험한다.

예컨대 똑같이 느껴지는 몸의 떨림이라도
앞에 무서운 사람이 서 있으면 '난 지금 무섭다'가 되는 반면,
앞에 매력적인 사람이 서 있으면
'나 저 사람에게 반했나 봐'가 된다.
때마침 누군가가 무례한 행동을 한다면
'무례한 행동 때문에 화가 났다'가 되고 만다.

또는 면접이나 발표를 앞두고 떨릴 때
'나는 지금 겁을 먹었다'고 생각하면 움츠러들게 되지만,
단순히 겁을 먹은 것이 아니라
'혹시 살짝 신난 건가?'라고 물으면
불안한 가운데서도 조금 신난 것 같은 느낌이 든다.

우리는 이미 다 만들어지고 정해진 감정을
수동적으로 받아들이기만 하는 허수아비 같은 존재들이 아니다.
우리는 스스로 인지하지 못할 때에도
시시각각 나라는 사람의 특성,
또 우리 주변의 다양한 맥락 정보들을 통합해서
감정을 만들어가는 존재들이다.

감정을 있는 그대로 느낀다는 것 역시,
감정을 그냥 수동적으로 받아들인다는 얘기가 아니다.
우리 안에서 역동적으로 만들어져가고 시시각각 변하는,
감정이라는 살아 있는 존재를 똑바로 바라보아야 한다.

마음의 방
만들기

감정을 어떻게 하면 잘 구분할 수 있을까?

이렇게 한번 해보자.

기분이 안 좋을 때, 마음에 방이 여러 개 있다고 생각하는 것이다.

그리고 그 방들을 하나하나 자세히 들여다본다.

두려움, 슬픔, 화, 혼란, 역겨움, 좌절, 부끄러움, 질투심,

그런 가운데 열망, 간절함 등 지금 마음에 어떤 방들이 생겼는지,

어떤 방의 문들이 활짝 열려 있는지,

어떤 방이 제일 큰지 마음속에서 그림을 그려보는 것이다.

감정에 대해 구체적으로 글을 써보거나 그림을 그려보는 것도 좋다.

감정을 구체적으로 표현해보는 것만으로

생각이 정리되고 스트레스가 해소된다는 발견이 있다.[10]

풍부하게
느끼자

감정을 구체적으로 구분하는 것뿐 아니라
'풍부하게' 느끼는 것 또한
정신 건강과 신체 건강에
긍정적인 영향을 미칠 수 있다.[11]

약 3만 명의 프랑스인과 약 1,000명의 덴마크인들을
대상으로 한 조사에서 다음과 같은 결과가 나타났다.
부정적 정서이든 긍정적 정서이든
한두 가지 감정만 주로 느끼기보다
여러 가지 감정을 다양하게 느끼는 사람들이
그렇지 않은 사람들에 비해
우울 증상을 덜 보인 것이다.
이러한 현상은 성격, 나이, 성별과 상관없이 나타났다.

또 감정을 다양하게 느끼는 사람들은 그렇지 않은 사람들에 비해
의사를 찾는 횟수나 약을 복용하는 횟수가 적고
운동도 많이 하는 등 더 건강한 삶을 영위하는 것으로 나타났다.
쉽게 말하면 감정을 풍부하게 느끼고
특정 감정을 편식하지 않는 사람들이 그렇지 않은 사람들에 비해
대체로 더 건강한 편이라고 할 수 있겠다.

어쩌면 이미 정신적으로나 육체적으로
건강한 삶을 살고 있기 때문에
감정이 풍부한 것이라고 생각할 수도 있다.
하지만 연구자들은 감정을 다양하고 풍부하게 느끼는 것 자체도
우리의 웰빙wellbeing에 중요한 기여를 할 가능성이 있다고 보고 있다.

마치 다양한 동식물이 존재하는 생태계처럼,
다양한 감정이 존재할 때 개별 상황에 딱 들어맞는 정보를 얻고
유연하게 대처함으로써 적응성을 높일 수 있다는 것이다.

예컨대 어떤 상황에서든
오직 하나의 감정만 느끼는 사람은
과연 적응적인 생활을 할 수 있을까?

또 부정적인 상황에서 슬픔, 좌절, 분노,
부끄러움, 죄책감 등의 다양한 부정적 정서를 느끼지 못하고
오직 하나의 감정만을 느끼는(예를 들어, 언제나 분노만을 느낌)
사람은 과연 건강하게 생활할 수 있을까?
아마 힘들 것이다.

우리 삶을 좀 더 건강하게 만들기 위해
다양한 감정을 구체적으로 느껴보는 연습을 해보자.
자신의 감정에 더 세심히 귀를 기울이고
긍정적 정서이든 부정적 정서이든
피하지 않고 골고루 느껴보는 것이다.

감정을 느끼는 것조차 귀찮은 생각이 든다면,
또 좋거나 나쁜 정도로 감정을 단순화시켜서
생활하고 있었다면
진지하게 시도해볼 만한 일이다.

감정 조절
전략

감정에 지나치게 휘둘리지 않기 위해서는 아예 감정이 발생하기 전에 감정을 통제하는 것 또한 효과적이다. UC 버클리의 심리학자 제임스 그로스James Gross와 동료들의 연구에 의하면 사람들이 흔히 쓰는 감정 조절 방법들은 다음과 같다.12

우선 첫 번째 전략은 상황 선택situation selection이다. 싫은 감정을 불러오는 특정 상황을 피하거나 피하지 않는 선택을 하는 것이다. 예컨대 만나면 기분이 나빠지는 사람이 있다면 만나지 않음으로써 기분이 나빠지지 않게, 감정의 발생을 사전에 차단하는 전략이다.

두 번째 전략은 상황 변경situation modification이다. 싫은 상황을 피할 수 없다면 그 상황 속의 기분 나쁜 요소를 최대한 바꿔보는 것이다. 예컨대 어떤 조직이 싫지만 거기에서 빠져나올 수 없다면 그 조직을 즐거운 곳으로 바꾸는 전략이다.

세 번째 전략은 주의 배치attentional deployment이다. 해당 상황을 피할 수도 바꿀 수도 없다면 그 상황 속에서 자신을 힘들게 하는 것을 일부러 보지 않거나 한두 가지 존재할 법한 좋은 점들을 찾아보는 전략이다.

네 번째 전략은 인식 변화cognitive change로, 나의 생각을 바꿔보는 것이다. 내 기분이 나쁜 이유는 정말 나쁜 일이 생겨서가 아니라, 내가 잘못 생각하고 있었기 때문은 아닌지 생각해보는 전략이다.

다섯 번째 전략은 반응 조절response modulation이다. 앞의 네 전략은 감정이 발생하기 '이전' 상태에 초점을 맞춘 전략이라면 반응 조절 은 감정이 발생하고 난 다음의 반응을 조절하려고 노력하는 것이다.

나는 어떤 방법을 사용하는지 생각해보자.

속이지는 말자

싫은 상황을 바꾸거나 피하는 것이
언제나 가능하면 좋겠지만
살다 보면 어쩔 수 없이
싫은 상황에 놓일 때가 있다.

이런 이유 때문에 제임스 그로스 등의 학자들은
앞에서 말한 전략 중
네 번째 인식 변화 전략을 추천한다.

이 전략은 '재평가reappraisal'라고도 불린다.

다음 두 사람의 이야기를 들어보자.

A: "며칠 전 발을 잘못 디뎌서 옷을 입은 채로 수영장에 빠졌는데 너무 짜증이 났다. 하지만 곧 진정하고 뭐 이런 웃긴 일이 다 있나 하고 웃어넘기기로 했다. 화와 짜증을 웃음으로 넘긴 덕분에 그날 하루를 괜찮게 보낼 수 있었던 것 같다"

B: "친구랑 같이 시험을 봤는데 훨씬 열심히 공부한 친구는 성적이 나빴고 나는 의외로 좋은 성적을 받았다. 하지만 친구에게 미안해서 별로 기쁘지 않은 척 '시험 후 실망한 표정'을 지어 보였다."

두 사람 모두 자신의 감정을 애써 조절했다.
하지만 A는 '그렇게 화 낼 일이 아닐지도 모르지'라며
자신의 감정을 일으킨 사건을 재평가한 반면,
B는 실은 기뻤지만 그렇지 않은 척 '억누르기suppression'를
했다는 점이 다르다.

많은 연구에서 B의 경우처럼

꾹 참거나 거짓말을 하는 식으로

감정을 억누르는 경우

오히려 스트레스가 커지는 현상이 발견됐다.

감정을 속여야 한다는 점에서

스스로에게 거짓말을 하고 있다는 일종의 죄책감을 느끼고

자율성을 잃었다고 느끼는 현상들이 나타났다.[13]

또한 감정을 자주 억눌러야만 하는 환경은

눈치를 많이 봐야 하는 등

개인이 자신의 의사를 자유롭게 표현하지

못하는 환경일 가능성이 크다.

그렇기 때문에 억누르기는 건강한 상황에서 나타나는
건강한 감정 조절 반응은 아닐 확률이 높다.

자신의 감정을 자주 속여야 하거나
아무 말 못 하고 그저 꾹 참아야 하는 일이 자주 발생한다면
그 원인이 무엇인지 생각해보아야 한다.
별일 아니라고, 다들 그렇게 산다고 생각하며
넘어갈지도 모르겠지만, 그사이에 당신의 마음은
병들지도 모른다.

'잠깐!' 하고
외치기

감정이 발생하기 전에 다시 한 번 더 생각해본 사람들
(감정과 관련된 사건을 재평가해본 사람들),
즉 성급히 부정적 감정으로 빠져들기 전에
'잠깐!' 하고 외쳐본 사람들은
그렇지 않은 사람들에 비해 훨씬 수월하게 감정을
잘 조절하는 것으로 나타났다.14

"이게 정말 기분이 나쁠 만한 일인가?"
"정말 그 사람의 잘못인가?"
"내가 혼자 나쁘게 생각하는 것은 아닌가?"
"실은 내가 오해한 게 아닐까?"

감정에 무작정 휩쓸리지 않고
냉정하게 판단할 줄 아는 것은 중요한 능력이다.
하지만 기분이 나쁠 때,
특히 누군가에게 화가 났을 때
우리는 그 상황이나 사람을 악의적으로만 해석하려고 든다.

물 마시는 모습까지 미워 보이고
나를 해하려는 의도가 있다고 느껴지는 등,
내 생각 속에서 그 사람은 아주 나쁘게 부풀려진다.
그 사람이 단지 서툴렀을 뿐일 수도 있는데
나를 우습게 여겨서 일부러
나쁜 짓을 한 것처럼 생각되는 것이다.
이런 경향이 두드러질 경우 그렇지 않은 사람들에 비해
갈등을 많이 겪고 외로워지기 쉽다.

또는 누구에게나 발생할 수 있는 불행에 대해서도 (왠지 모르겠지만)
나에게는 이런 일이 절대 생기면 안 되고
다른 누군가에게 생겨야 마땅한데
나에게 생겨서 너무 억울하다는 등,
안 좋은 일에 대해 생각과 감정이 흘러가게 내버려두면
어느새 배배 꼬인 사람이 된다.

지금 나 자신이 이렇게 세상 모든 것을
악의적으로 해석하고 불평을 하고 있는 것은 아닌지
한번 생각해보자.
그리고 그런 생각이 들 때 '잠깐!' 하고 외쳐보면서
감정을 조금씩 조절해보자.

그럴 수도 있지

균형 잡힌 시각을 유지하는 것은 어렵다.
'이게 정말 화낼 만한 /
슬퍼할 만한 / 좌절할 만한 일일까?'라고
자문하는 것도 쉬운 일은 아니다.
힘들 때일수록 더더욱 그럴 것이다.

하지만 마음이 어두워지고 배배 꼬일 때일수록
더더욱 이런 질문을 해봐야 한다.
그렇지 않으면 어느새 과장된 감정을 폭발시키며
아무 잘못도 없는 사람들의 뺨을 때리고 다니는 등
어둠을 뿜어내는 사람이 되어버릴지도 모른다.

나를 위해서, 또 주변 사람들을 위해서
'악의는 없었을 거야',
'감정을 가라앉히고 다시 한 번 확인해보자'라고 생각해보자.
또는 작은 실수나 어쩔 수 없는 불행의 경우
'그럴 수도 있지'라고 생각해보자.

하지만 물론 모든 감정이 내 뜻대로 통제되는 것은 아니다.
때로는 내 마음대로 되지 않을 때도 있고,
감정이 내 모든 것을 삼켜버린 것처럼
무력하게 무너져버릴 때도 있다.
우리는 인간이고 감정의 힘은 강하기 때문에
이 역시 자연스러운 일이다.

이럴 때에는 꼭 도움을 구하자.
마음을 터놓을 수 있는 친한 친구이든,
가족이든, 전문가든 누구든지 좋다.
도움을 청할 때가 언제인지 아는 것은 참으로 중요하다.
몸이 아플 때 빨리 치료하면 빨리 낫듯
마음이 아플 때 역시 그렇다는 사실을 깨달아야 한다.
속으로는 그렇지 않으면서 겉으로만 강한 척하며
상처가 곪게 놔두는 것보다
빨리 도움을 찾는 것이 더 용기 있고 현명한 결단이다.

04
내 마음의
알 아 느
라 하 는
소리

너무 바빠서
나를 놓고 왔어요

우리는 인생을 왜 사는 걸까?
성공하기 위해? 남에게 잘 보이기 위해?
아니면 그냥 태어났으니까?

여러 가지 이유가 있겠지만
결국 우리는 행복해지기 위해 인생을 산다.
행복해지기 위해서가 아니라면
인생이 무슨 소용이 있을까?

그런데 안타깝게도
살면서 제일 중요한데도 제일 쉽게 잃고 마는 태도 중 하나가
바로 '어떤 순간에라도 자신을 우선적으로 돌볼 것'이다.
바쁜 삶에 쫓기다 보면
우리는 이 중요한 한 가지를 금세 놓치고 만다.

그렇게 행복은 조용히 뒷골목으로 사라진다.

차근차근
쉬어 갑시다

우리가 항상 기억해야 할 것이 있다.
바로 우리의 의지력 또는 정신력에는
한계가 있다는 사실이다.[1]

"넌 왜 이렇게 의지력이 약하니?"
사람들은 의지력이라는 게
쥐어짜면 언제든 무한정으로 나오는 것인 양 쉽게 이야기한다.
하지만 우리의 정신력은 애초에 한정되어 있다.
따라서 모두 다 사용된 뒤에는
충전될 때까지 잠시 기능이 떨어지는 현상이 나타난다.
그렇기 때문에 그때그때 휴식을 취하며
회복하는 것이 필수이다.

하지만 회복하지 않고
계속해서 머리 아픈 일을 하거나 스트레스를 받는 등
정신력을 고갈시키면
원래의 나 자신을 잃게 되는 현상이 나타난다.
예를 들어 평소의 내가 할 수 있는 것에 비해
논리적 사고가 힘들어지고 편협해지며
사회성이 떨어지는 현상이 나타난다.
또한 감정 조절이 어려워져 사소한 일에 좌절하게 되고
쉽게 화가 나는 등 이미 힘든 상황이
더 힘들어지기도 한다.2, 3, 4

물론 우리의 정신력은 엄청난 일들을 해낸다.
나는 내가 생각하는 것보다 훨씬 강한 존재이기도 하다.
하지만 그것들이 회복될 시간을
충분히 주고 차근차근 해나갈 때에야
정신력의 힘이 제대로 발휘된다.

목을 축일 새도 없이
스스로를 학대하며 억지로
쥐어짜낸다고 되는 일이 아니다.

바쁠수록 드라마를
봐야 해

마감에 쫓기거나 일이 산더미같이 쌓여 있다 하더라도
사람인 이상 하루 24시간을 온전히 일에만 매진할 수는 없다.
집중력, 논리적 사고력 등의 고급인지기능에는 한계가 있으니까
말이다. 그렇기 때문에 이럴 때일수록 한두 시간 짬을 내어
정말 확실하게 재충전을 해주는 게 좋다.

아무것도 하지 않고 멍 때리며 쉬는 것도 좋지만
잠깐 동안 적극적으로 즐거움을 느껴주는 것도 좋다.
평소 보고 싶었던 드라마, 만화, 영화를 보거나,
좋아하는 가수의 음악을 듣는 등 나를 즐겁게 하는 일을 찾아보자.

"아니, 바쁘다는 사람이 왜 헛짓거리를 하고 있어?"라는
소리를 듣는다고 해도 괜찮다.

잘 하고 있는 거다.
나의 경우 바쁘다는 사람이 왜 트위터를 하고 있냐는
말을 종종 듣는데, 바쁘니까 하는 거다.
그거라도 해야 버틸 수 있으니까.

특히 힘들 때 즐거움을 느껴주면
육체적으로 푹 쉬는 것 못지않게 큰 치료 효과가 나타난다.
스트레스의 부정적인 효과가 사라지고
떨어졌던 수행이 다시 회복되기도 한다.

바버라 프레드릭슨Barbara Fredrickson 등의 학자들은
긍정적 정서를 일컬어 '스트레스 지우개'라고 명명하기도 했다.5
힘들고 바쁜 때일수록 우리에게는 즐거움이라는
스트레스 지우개가 꼭 필요하다.

재충전 리스트

당신이 일상에서 당신다운 모습으로 기능하기 위해
필요한 휴식과 즐거움의 적당량은 얼마큼인지
한번 살펴보자.
무엇을 하면 에너지가 채워지고 다시 움직일 수 있을 것 같은
느낌이 드는지 스스로를 관찰해보는 것이다.

예를 들어 세 시간 집중하고 네 시간 쉬는 식으로 일을 해야
능률이 올라간다든가,
아무리 바빠도 드라마나 영화를 한 편씩은
봐야 한다든가 등등.

영화, 드라마, 만화

커피, 티타임

SNS

사람들과의 대화

조깅, 운동

식물에 물주기

-것질 (떡볶이, 치킨, 라면, 컵케이크)

사진 찍기

그림, 낙서

내 마음의
앓는 소리

삶의 많은 스트레스는 극복할 수 있지만
간혹 그렇지 않은 것들도 존재한다.
과도하게 큰 충격(전쟁, 범죄로 인한 피해 경험 등)이나
힘듦이 지속되면 상처가 트라우마로 자리 잡기도 한다.

트라우마는 까다롭다.
어떤 사람에게는 별일이 아닌 것이,
어떤 사람에게는 트라우마가 된다.
힘든 일들을 대체로 잘 넘겨온 삶의 백전노장들이라 할지라도
어떤 일에서만큼은 큰 상처를 지니고 있다.

사람마다, 또 상황에 따라
버틸 수 있는 일과 버틸 수 없는 일이 다 다르다.
뿐만 아니라 어떤 사람은 그 일로 인한 아픔을 겉으로 드러내지만
또 어떤 사람은 소리 없이 속으로 앓는다.

이렇게 사람마다 다 다르기 때문에
예측하고 알아채기 어려운 것이 트라우마이다.
하지만 한편으로 이는 당신이 힘들다면 누가 뭐라 하든,
그 일이 어떤 종류이든 힘든 것이 맞다는 이야기가 되기도 한다.

당신의 마음이 앓는 소리를
제일 잘 알 수 있는 사람은
바로 당신 자신밖에 없다.
당신의 힘듦은 당신만이
결정할 수 있음을 기억하자.

"내가 힘들다면
힘든 거야."

마음의 상처도
아프다

여전히 누군가는 그럴 것이다.

"뭐 그런 일을 가지고 그래."
"살다 보면 더 힘든 일도 많아."
"남들도 이 정도는 다 해."
"엄살 부리지 마."

이런 얘기 때문에 사람들은
분명 힘듦에도 불구하고 스스로 엄살이라고 생각하며
억지로 자신의 감각을 억누른다.
스스로 나약하다고 느끼며 가뜩이나 힘든 마음에
죄책감을 더하고 자책하기도 한다.

몸에 상처를 입어 피를 뚝뚝 흘리는 사람을 보면
당연히 치료부터 하라고 하지
누구도 '그대로 있으라'고 하지 않을 것이다.
상처 입은 몸으로 계속 움직이면 상처는 계속 벌어지고
곪을 것이 분명하니까.

그런데 우리는 왜 마음의 상처가 벌어지고
곪는 걸 신경 쓰지 않는 걸까?
아마 당장 눈에 보이지 않기 때문일 것이다.
그런데 많은 연구들이 마음의 상처도 몸이 아픈 것과 같은
물리적 표시를 수반한다는 점을 발견하고 있다.

예를 들어 외로움, 소외감, 사람들로 인해 받은 상처 등은
몸이 아플 때 반응하는 뇌 부위와 같은 부위를 활성화시킨다.6
이런 마음의 상처들이 실제로 고통을
가져올지도 모른다는 것이다.
또한 PTSD의 경우도 뇌의 전두엽과
측두엽의 피질 두께 감소와 상관을 보였다.7

이런 연관성이 의미하는 바는 아직
뚜렷하지 않다.
하지만 적어도 여기서
마음의 상처들이
상상 속에만 존재하는 것은 아님을
확인할 수 있다.

나약해서가
아니다

트라우마나 우울 증상을 겪는 사람들은 어떤 사람들일까? 왠지 마음이 약한 사람들만 그런 경험을 하는 것 같은 생각이 든다. 하지만 그런 편견은 잘못됐다.

한 연구에서 충격적인 사건(신체적 폭력, 성폭력, 사랑하는 사람의 죽음, 교통사고, 목숨이 위험했던 순간 등)을 겪은 여성들을 대상으로, 어떤 사람들이 비교적 잘 이겨내고 또 어떤 사람들이 그렇지 않은지에 대해 살펴보았다.8

약 160명의 여성 중 35퍼센트는 이런 일에도 불구하고 우울 증상이나 불안장애, PTSD 등을 보이지 않았다. 20퍼센트는 한 번 정도 진단을 받았으나 1년 내에 극복했다. 하지만 나머지 45퍼센트는 계속 힘들어했다.

정신적으로 크게 힘들어하지 않은 사람과, 비교적 많이 힘들어하는 사람들의 차이는 무엇이었을까?

사랑하는 사람의 죽음, 교통사고, 죽을 뻔한 경험을 겪은 사람보다 신체적 폭력, 성폭력 등을 당한 사람들이 지속적인 괴로움에 시달렸다. 의외로 큰 영향을 미친 요소로는 직접적으로 경험한 폭력뿐 아니라 간접적으로 경험한 폭력들, 살면서 지켜보거나 들어온 폭력 등이었다. 이러한 경험이 많을수록 괴로움에 시달리는 확률이 높았다.

신체적 고통, 피로, 육체적 한계 등 신체 건강과 기능 면에서도 큰 차이가 나타났다. 심리적 요소들의 경우 다양한 요소들이 한꺼번에 고려되었을 때, 정신적 문제를 겪지 않은 사람과 겪은 사람들의 가장 큰 차이는 결국 '통제감'과 '사회적 지지'에서 나타나는 것으로 확인되었다. 통제감을 많이 느낄수록, 사회적 지지를 많이 받을수록 정신적 문제를 덜 겪는 것으로 나타났다.

충격적인 사건의 종류, 직간접적인 충격, 건강 상태, 통제감, 주변 사람들의 도움 등이 우리의 마음 건강과 관련이 있다고 할 수 있겠다. 자세히 살펴보면 정신적으로 나약한 사람인지 강인한 사람인지와는 상관이 없음을 알 수 있다.
이렇게 많은 연구들이 당신이 힘든 것은 당신이 나약하기 때문이 아님을 보여준다.

정말
나 때문인가?

스스로를 더 아프게 만들 수 있는 방법이 하나 있다면
그것은 바로 끊임없이 자기를 비난하는 것이다.9
다른 사람들은 살아남지 못했는데
혼자 살아남았다는 사실로부터 죄책감을 느끼는
생존자의 죄책감survivor guilt도
이런 자기 비난과 같다고 볼 수 있다.10

이런 유의 죄책감을 가지고 있는 생존자들이
그렇지 않은 생존자들에 비해
우울증이나 PTSD를 겪게 될 가능성이 높다.
또한 특히 성폭력 피해자가
'내가 좀 더 조심했으면 이런 일은 일어나지 않았을 텐데'라고
생각하는 등 죄책감을 갖는 모습이 흔히 관찰된다.
이 역시 각종 정신적 문제를 겪을 가능성을 키운다.
피해자 입장이면서도 오히려 죄책감을 느끼는 경우가 있다면
이렇게 생각해보자.

"그 일은 정말 내가 통제할 수 있는 일이었는가?"

자신이 통제할 수 없는 사건에 대해
왜곡된 책임감을 느낀다고 해서 해결되는 것은
아무것도 없으며 누구에게도 도움이 되지 않는다.
그것은 단지 아무 이유 없이
자기 자신을 고문하는 일일 뿐이다.

스스로 끊임없이 비난하며 괴로움에 빠져 있다면,
다음과 같은 질문을 던져보자.

그 일은 정말로 내가 자초한 문제인가?
그 일은 내가 통제할 수 있었던 일인가?
그렇다고 하더라도 자신을 비난하는 것이 문제를 해결해주는가?
아니라면, 문제 해결을 위해 현재 상황에서
내가 할 수 있는 행동은 무엇일까?

자책에 빠져 있느라 내가 할 수 있는 일들을
간과하고 있지 않았는가?
자책에 빠져 있었다는 생각이 든다면 이제 자신을 놓아주자.
그렇게 하는 것만으로도 훨씬 마음이 가벼워질 것이다.

행동이
잘못했네

아무리 자신이 잘못한 일이라고 해도
스스로 비난하는 것은 별로 도움이 되지 않는다.
자기 비난이 너무 심하면,
각종 부정적 감정과 좌절감, 낮은 자존감 등에
깊이 빠지게 된다.11

마음에 이렇게 부정적 그림자가 드리워져 있으면
가벼운 반성이나 사과로 상황을 정리할 수 있는 기회가 와도
그 기회를 놓치기 쉽다.

죄책감을 느낄 분명한 이유가 있다고 하더라도
이를 자신의 '행동'에 한정시켜야 한다('난 잘못된 행동을 했어').

그러지 않고 죄책감이 자기 자신이라는 사람
전반을 향하면('난 쓰레기야') 우울 증상과
자존감 하락을 겪을 수 있고
문제 해결에 아무 도움도 얻을 수 없다.

스스로를 비난한다고 해서 달라지는 것은 별로 없다.
그저 묵묵히 결과에 책임을 지고
앞으로의 행동을 수정하는 것이 훨씬 낫다.

비판적인 사람
옆에서는

왜 사람들은 자기 자신을 비난하는 걸까?

내가 힘들 때 나를 도와줄 수 있는 사람들이 옆에 있으면
힘든 일을 비교적 잘 털어낼 수 있다.
이것이 바로 사회적 지지이다.12

반대로 내가 힘들 때
"너는 왜 그 모양이니" 하며
비판적인 반응을 보이는 사람들이
옆에 있으면 힘든 일이
정신적 문제로 발전할 가능성이 커진다.

이런 사람들이 곁에 있을 경우,
사람들은 힘든 일을 주변에 잘 이야기하지 못하고
속으로 끙끙 앓거나 현실에서 도피하는 등
부적응적인 대처방식을 취하게 된다.
심한 경우 '다 내 잘못'이라며 스스로 비난하기도 한다.

그렇기 때문에 힘든 사람들로 하여금
스스로를 억압하게 만드는 주변 사람들의 존재는
없느니만 못하다고 할 수 있겠다.
스스로를 비난하는 데에는 개인의 성격도
많은 영향을 끼치지만
주변 사람들이 얼마나 수용적인지 여부도
그에 못지않게 큰 영향을 끼친다.

기댈 수 있는
사람

주변에 어떤 사람들이 있는지 생각해보자.

힘들 때 믿고 의지할 수 있는 사람이 존재하는가?
어떤 종류의 일이든 허심탄회하게 털어놓을 수 있는가?
섣부른 판단이나 비판 없이 내 이야기를
들어줄 수 있는 사람들인가?
필요할 때 한달음에 달려와 주는 사람들인가?

이런 사람들이 곁에 없다면,
당신은 위험요소에 노출되어 있다.
이런 사람들이 곁에 있다면 당신은 매우 행운이다.
감사하게 생각해도 좋다.

반대로 이번엔 평소 주변 사람들에게 당신이
어떤 사람인지 생각해보자.
네가 힘든 건 힘든 것도 아니라거나
엄살 부리지 말라고 하거나 무반응으로 일관하던
사람이 아니었는지 생각해보자.

한편 나약한 사람들만 아픔을 겪는 거라는
잘못된 편견을 가진 사람들이 많은 사회일수록,
힘든 일을 겪은 사람들이 적절한 도움을 제때
받지 못하는 일이 자주 일어날 수 있다.
하지만 그런 사회에서도 누구나 살면서 한 번쯤은
힘들고 도움이 필요한 일이 발생한다.
따라서 잘못된 편견과 싸우는 일이
모두의 행복과 정신 건강을 위해 중요한 일이 된다.

이런 척박한 환경에서 이미 자신의 문제를 인정하고
적극적으로 도움을 구하며 주변의 편견과도
맞서 싸우고 있는 사람들은
누구보다 강인한 사람들이다.

피해를 당한 게
잘못인 문화

개인의 불행에 대해 본인을 비난하는 문화뿐 아니라
불의의 피해에 대해 피해자를 비난하는 문화도
괴로움에 몸부림치는 와중에
스스로를 비난하게 되는 데 한몫한다.

피해자를 비난하다니,
언뜻 들으면 잘 이해가 되지 않는 말이다.
하지만 생각해보면 이는 매우 흔한 현상이다.
왕따 피해자들에게
"너도 뭔가 잘못한 게 있는 건 아니야?"라고 묻는다든가,
강간 피해자에게
"행실(?)이 올바르지 않았던 게 아니야?"라며
혹시 뭔가 그런 일을 당할 만한 행위를 한 것이 아니냐고
의심의 눈초리를 던진다.
미디어에서도 성폭행 사건 등에 있어
가해자에 대해서는 '앞길이 창창한 청년'이라고 서술하고,
사건 당일 피해자가 '조신하게 행동했더라면',

'술을 먹지 않았더라면'이라고 하면서
피해자가 얼마나 흐트러져 있었는지에 주목하는 등
범죄를 합리화하는 듯한 행태를 보이기도 한다.

이렇게 정작 죄나, 죄를 저지른 대상보다
그로 인한 피해를 입은 대상을 비난하는 현상은
꽤 보편적으로 나타나며,
학자들은 이를 '피해자 비난하기victim blaming'
현상이라고 이름 붙였다.

폭행을 당하고 있거나
강간 피해를 입은 사람들에 대한 이야기를 들려주면,
사람들은 '뭔가 잘못한 게 있으니 그런 일을 겪었겠지'라고
생각한다는 연구들이 있다.
아무 잘못 없이 그런 일을 겪었을 수도 있는데 말이다.13

환상적인
생각

사람들은 일반적으로 나쁜 일은 나쁜 사람에게만 생기고
착한 사람에게는 좋은 일만 생긴다고 생각하는, 소위 '이 세상은
공정하게 굴러간다는 믿음belief in a just world'을 가지고 있다.14
이런 믿음을 가져야만 '나만 잘 처신하면'
얼마든지 잘 살 수 있다는 믿음과 안정감을 가질 수 있다.
반면, 나의 행위 여부와 전혀 상관없이 언제든지 삶이 잘못될 수
있다는 사실을 직시하면 이런 통제감을 잃는다.

언제든 삶이 잘못될 수 있다는 사실은
매우 맥 빠지는 일이기 때문에
우리는 가급적 세상에 대한 희망을 잃지 않고자 노력하고,
그 일환으로 아무 잘못도 안 했는데
그런 일을 당했을 리 없다며 피해자를 비난한다.
이는 곧 나는 그런 잘못만 하지 않으면
그런 일을 당하지 않을 수 있다는 자신감으로 이어진다.

하지만 이런 식으로 유지하는 통제감은 환상에 가깝다.
안타깝지만 세상은 항상 우리가
원하는 방향으로만 흘러가지 않고,
당장 오늘 내일 불의의 사고가 일어날 확률은
나에게도 늘 존재한다.
큰 병, 크고 작은 범죄, 사건사고는
늘 나를 비켜갈 것 같지만 그렇지 않다.

이때 기억해야 할 가장 중요한 사실은
그런 일이 일어난다고 해도 그건 당신 탓이 아니라는 것이다.
또 모든 일에 비난받아 마땅한 누군가가
반드시 존재하는 것도 아니다.

"당신 탓이 아니다."

아픔을 통해
성장할까?

우리는 행복 못지않게 아픔을 통해서도 성장한다.

그 덕에 이 험난한 삶을

이만큼 버텨오고 있는 것일지도 모른다.

하지만 한 가지 명심해야 할 점은,

너무 아프면 누구나 쓰러지고 만다는 사실이다.

사람은 생각보다 많은 충격을 잘 넘기지만

충격이 어느 선을 넘어가면 성장이 정체되는 현상이 나타난다.

일반적으로 내가 감당할 수 있는 정도의

아픔이 나를 성장시킨다.

감당하지 못하는 게 있다면

빨리 도망치거나 도움을 구해야 한다.

가만히 고통을 받고 있는 것이 항상 미덕인 것은 아니다.

그런 고통은 언젠가 당신을 파괴할지도 모른다.

흔히 사람들은 아파봐야 성장한다며 아픔을 권한다.
하지만 모든 고통이 성장으로 연결되는 것은 아니다.
다시 말하지만 너무 고통스러운 일은 우리를 파괴한다.

고통을 통해 성장하려면 몇 가지 조건이 필요하다.
일반적으로 고통을 이겨내는 과정이 중요하다.
이 과정에서 자신에 대해 새로운 가능성을 발견할 수 있을 때,
주변 사람들에게 도움을 받으며 소속감을 느낄 때,
자신의 내면에 대해 성찰할 기회를 가질 수 있을 때,
삶에 대한 감사를 느끼게 될 때
우리는 고통 속에서도 성장할 수 있다.15

고통을 통해 성장을 이루었다면,
어디까지나 그렇게 한 사람이
대단하다고 생각해야지
고통 자체를 미화해서는 안 된다.

또한 고통 속에서 의미를 발견하지
못하고 있다면,
때론 도망치는 게 더 낫다.

이럴 때는
도망가자

우리가 어떤 일을 버틸 수 있거나
그 일을 통해 성장할 수 있는 경우는 다음과 같다.

그 일이 나에게 새로운 기회 또는 가르침을 주거나
내가 계속할 수 있다는 생각이 들거나
주변의 도움이 있거나
긍정적인 스트레스 대처 방식을 보이고 있을 경우.

긍정적 스트레스 대처 방식은 다음과 같다.

1) 변화에 잘 적응 중이다.
2) 무엇이 다가오든 잘 대처할 수 있다.
3) 그때그때 스트레스를 풀 방법이 있다.
4) 힘든 일이 지나고 나면 다시 힘이 난다.
5) 장애물에도 불구하고 목표를 달성할 수 있다
6) 각종 압박 속에서도 집중력을 발휘할 수 있다.

7) 실패에 낙담하지 않는다.

8) 나 스스로가 강한 사람이라고 느낀다.

9) 불쾌한 감정들을 잘 통제한다.

10) 문제들 속에서도 유머를 잃지 않는다.16

지금 이것들이 잘 되고 있다면 아마 별 문제없을 것이다.
특히 힘든 상황에서도 여전히 웃는 것이 가능하다면 말이다.

하지만 그렇지 않은 상황이라면,
버티다가 내가 망가질 것 같은 상황이라면
망설이지 말고 도망치자.

몹쓸 환경을 보이콧해보자.

편하게
삽시다

작은 스트레스이지만 우리를 무척 힘들게 하는 것들이 있다.

출퇴근길의 지옥철,
산더미같이 쌓인 설거지,
은행의 대기번호 등등….

이런 일상적인 스트레스는 별일 아닌 듯 무시해도 될 것 같지만,
사실은 그렇지 않다.
오히려 큰 스트레스보다 이런 자잘한 것들이
사람들의 행복과 건강을 크게 해칠 가능성이 있다.
그 이유는 거기에서 의미나 성장의 기회를
발견하기 힘들기 때문이다.17

따라서 가능하다면 이런 일을 겪지 않는 게 좋다.
편하게 살고 싶다고 하면 게으르다고 보는 시선들도 있지만
가급적이면 편하게 살자.

이런 작은 스트레스들의 해로움을 알고 나면
실은 편하게 살려고 노력하는 것이야말로
우리가 우리의 몸과 마음에 가장 직접적으로 할 수 있는
관리이자 투자 중 하나라는 사실을 깨닫게 될 것이다.

신체 건강을 위해서는 미리미리 예방하는 것이 특히 중요하다.
운동도 하고 영양소도 골고루 섭취하고
정기적으로 건강검진도 하는 등.

정신 건강도 마찬가지다.
가급적 편안할 수 있는 환경,
쓸데없이 스트레스받지 않을 수 있는 환경을
미리미리 만들어줄 필요가 있다.

일상에서 어떤 일에 자잘한 스트레스를 받는지 생각해보자.
또 그런 스트레스를 아예 피할 수 있는 방법을 모색해보자.

생존이
목표일 때

기본소득에 대한 논의가 이루어지면서, 생계가 보장되면
사람들이 나태해져서 아무것도 하지 않을 것이라는 의견이
많이 나오고 있다.
하지만 심리학 연구에서는 그렇지 않다고 이야기한다.

사람은 기본적으로 의미에 대한 욕구와 인정욕구를 갖고 있다.
뭔가를 하고 있고 뭔가에 빠져 있을 때 행복감을 느낀다.
오직 먹고살기 위해 일하는 것은 개인의 꿈이나 능력과 상관없이
형편대로 살게 되는 수동적인 상태를 만들기 쉽다.
도전과 성장보다는 최악을 피하는 것에 더 집중된
회피적avoidant 동기를 불러오기도 한다.

이런 경우 개인들이 자신의 잠재력을 발휘하기 어렵다.
예를 들어 어느 정도 경제력과 권력감이 뒷받침될 경우,
그렇지 않은 경우에 비해 더 과감하고 도전적 사고를 하며
(실패를 감당할 수 있기 때문),

주변의 눈치도 덜 보고 자기 의지를
실행할 수 있다는 연구들이 있다.[18]
즉 이것이 부익부빈익빈을 유지시키는
한 가지 심리사회적 요소가 되지 않았겠냐고 이야기한다.[19]

이렇게 사람들은 더 지원해주고 걱정을 없애줄수록 날아오른다.
이와 달리 인간을 괴롭히지 않으면
일하지 않는 존재로 보는 시각은 노예 주인의 마인드와
다르지 않아 보인다.

또한 멀쩡한 사람들도 생계 걱정을 하기 시작하면
알코올중독 수준으로 인지능력이 떨어지는 모습을 보인다는
연구도 있다.[20] 물론 이것은 일시적인 현상으로,
걱정을 하지 않아도 될 만큼 자원이 풍족해지면
다시 원래의 수준을 회복한다.

끊임없이 생존에 대해 걱정해야 하는 상황은
우리를 창조적으로 일하게 만들기는커녕
영혼만 갉아먹는다.

사치하자

가난하다고 해서 커피 한 잔 마시는 것이
눈총 받을 일이 되고
영화를 보거나 문화생활을 하는 일이
죄책감을 느낄 일이 되어서는 안 된다.

사람이 사람답게 살고 싶은 건
당연한 욕구인데 왜 비난을 받아야 하는가?

그런 의미에서 더더욱 소위 내가 할 수 있고
하고 싶은 사치를 하자.
오직 먹고살기 위해서 해야만 하는 필수 활동 말고
자기 자신을 행복하게 해줄 수 있는 활동,
영혼을 살찌워주는 활동을 당당하게 해보자.

커피 한 잔이든 비싼 문구류이든
짧은 여행이든 사치하라.
당신이 단지 생존하는 것이 아니라
진정으로 살게 하는 것이라면,
그런 사치는 충분히 가치 있다.

사치를 권하는
사이

마시멜로 실험을 한 번 더 살펴보자. 여기선 연구 결과에 대해 이
야기하겠다. 아이들에게 눈앞에 맛있는 마시멜로를 두고 10분만
참으면 마시멜로를 하나 더 주겠다고 한다. 그러면 절반 정도는
2분도 참지 못하고 마시멜로를 먹어버리고, 몇몇 아이들은 용케
도 10분을 참아낸다.

이 실험의 결론은 다음과 같다. 이렇게 미래의 더 큰 보상을 위해
현재의 유혹을 참아낸 아이들, 즉 만족지연delay of gratification을 할 줄
아는 아이들이 나중에 커서 성적도 좋고 인간관계도 좋고 더 높은 소
득수준을 갖게 되는 등 사회적으로 더 성공한 삶을 산다는 것이다.

그런데 최근 〈심리과학지Psychological Science〉에 실린 한 연구에 의하면, 만족지연이 중요한 능력이긴 하지만 각자가 처한 환경에 따라 이야기가 조금 달라질 수 있다고 한다.21

예컨대 당장 자원이 부족한 가난한 환경에 처한 아이들의 경우, 불확실한 미래의 보상을 기다리는 것보다 현재 확실하게 얻을 수 있는 보상을 바로 얻는 게 더 적응적인 행동이지 않을까?

실제 연구 결과 주변 환경에 민감하고 차분한 판단을 내릴 줄 아는 아이들의 경우 그렇지 않은 아이들에 비해 자신이 처한 환경에 따라 행동에 큰 변화를 보이는 것으로 나타났다.

환경에 민감하고 판단력이 좋으면서 부유한 환경에 속한 아이들은 마시멜로 두 개를 얻기 위해 보상을 나중으로 미루는 모습을 보였다. 그러나 역시 같은 능력을 가지고 있으면서 가난한 환경에 속한 아이들은 정반대로 눈앞의 마시멜로를 재빨리 취하는 모습을 보였다.

한편 환경에 민감하지 않은 아이들은 부유한 환경에 속하든 가난한 환경에 속하든 행동에 큰 변화가 없었다.

같은 특성이 환경에 따라 정반대의 행동을 불러온다는 것이다. 환경에 따라 어떤 행동이 적응적인지가 전혀 다를 수 있다는 것, 즉 어떤 하나의 행동이 모두에게 바람직할 수는 없다는 얘기다.

또한 이는 자원이 없을 때에는 멀리 내다보고(미래의 더 좋은 보상) 노력을 투자할 여유조차 없다는 사실을 보여주는 결과이다.

사람들에게 눈앞의 먹고사는 일에만 매달리게 만드는 것이 자원 부족의 효과이다. 여유도 아무에게나 허락되는 것이 아니라는 것이다.

그러므로 더더욱 이들이 여유를 가질 수 있도록 주위에서 도와주어야 하지 않을까? 힘든 상황일수록 서로에게 작은 사치와 여유를 권하자.

나에게 필요한
거부

우리는 우리를 해치는 나쁜 환경을 과감하게
거부하며 살아가야 한다.
그런데 이 거부하라는 말이 아무것도 하지 말라는 말은 아니다.

우리는 여행 중 낯선 길을 갈 때 중간에 멈춰 서서
지도를 본 뒤 다시 걷는다.
또 힘이 들면 잠깐 쉬었다가 다시 걷는다.
이와 비슷하다고 생각하면 쉽다.

내 속도에 맞춰 내 페이스대로 걷는 것이다.
그래야 길 위에서 나를 잃지 않을 수 있다.
후회도 실패도 괴로움도 그 안의 기쁨과 성장도
모두 내 것이다.

내가 걷는 길에서는
다른 사람의 시선이나 의지를 신경 쓰기보다
나를 최우선으로 해야 한다는 것을 잊지 말자.

삶의 모든 순간들은 온전히 내가 할 경험들이다.
따라서 모든 결정은 온전히 나를 위해서 내려야 한다.

당신에게 지금 필요한 회피 또는 거부는 어떤 것인가?

며칠간의 여행, 사람과의 연락을 잠시 끊는 것,
카톡 차단, 이별….
긴긴 인생을 완주하기 위해 우리에겐
한두 번씩 끊고 가는 시간들이 필요하다.

05

외로움을
조심하세요

거절은
어려워

무리한 부탁을 거절하지 못해서 억지로 들어줬던 적이 한 번쯤은 있을 것이다. 일정이 이미 꽉 차 있는데도 시간을 내달라는 말에 밤잠까지 줄여가면서 힘들게 시간을 내거나, 이미 일이 산더미 같은데 도와달라는 말에 할 일 리스트를 더 쌓아놓는 등등 말이다.

그러고 나면 후회하기도 하고 다시는 무리한 부탁은 들어주지 말아야겠다며 다짐도 한다. 하지만 막상 또다시 비슷한 상황에 처하게 되면 안 된다는 말이 도통 나오지가 않는다. 왜 이러는 걸까? 사람들은 원래 부탁에 약하다. 친한 사람의 부탁뿐 아니라 낯선 사람의 부탁에도 약하다. 예컨대 다소 무리한 부탁에도 70~80퍼센트에 이르는 사람들이 당황하면서도 결국 부탁을 들어줬다는 연구가 있다.

이러한 현상이 나타나는 근본적인 원인은 우리가 더불어 사는 게 중요한 사회적 동물이기 때문이다.[1] 우리는 단순히 무리를 지어서 사는 동물일 뿐 아니라 무리에서 벗어나거나 무리로부터 거절당하면 외로움, 소외감, 고독과 비참함 등 큰 부정적 감정의 소용돌이에 빠지는 동물이다.

반면 사람들로부터 칭찬, 인정을 받는 등 받아들여지는 경험을 하면 자존감이 상승하고 더할 나위 없는 기쁨을 느낀다. 많은 연구들에 의하면 인간에게 있어 사람들과 더불어 산다는 것은 가장 근본적인 욕구이다. 또 좋은 인간관계는 행복과 건강, 나아가 생존과 직결되어 있다.

고립을
피하고 싶어서

더불어 사는 것이 중요한 과제이기 때문에
우리의 마음은 자동적으로 어느 정도
주변 사람들의 요구를 신경 쓰게 만들어져 있다.[2]

타인의 마음을 읽으려 애쓰고
그 기대나 맥락에 맞춰 행동하려고 애쓰는 것(눈치를 보는 것),
누군가가 꽈당 넘어지는 걸 보면 내가 다 아프고
우는 사람을 보면 같이 울고 싶어지고
타인의 부끄러움이 내 부끄러움이 되는 것(공감하는 것) 모두
우리의 마음이 주변 사람들의 상태에 자연스럽게 주의를 기울이고
그들의 요구를 해석해내는 예라고 할 수 있다.
이렇게 누가 시키지 않아도 우리는 항상
타인의 요구를 감지하기 위한 레이더를 돌리고 있다.

그런데 대놓고 부탁을 듣게 되면
이를 어찌 무시할 수 있겠는가?
보통 사람의 경우 어떤 부탁을 받게 되면
먼저 그 사람이 처한 상황을 떠올리게 된다.
그 사람의 상황이 어려울수록 큰 감정적 이입(공감)이
일어나게 되고 그럴수록 외면하기 어려워진다.
외면한 후에 밀려올 죄책감이 부탁을 들어주었을 때의
피로보다 더 크게 느껴질 수도 있다.

또한 대부분의 사회에는 상부상조에 대한 사회적 규범norm이 있다.
도움 요청에 대한 거절을 바람직하게 여기지 않는 압박이 존재한다.
이런 요소들이 거절을 더 어렵게 만든다.

무엇보다 거절을 어렵게 하는 중요한 이유로
상대에게 상처를 주기 싫음,
좋은 사람이라는 이미지를 지키고 싶음,
갈등을 피하고 싶음 등의 관계적 이유가 있다.

사회적 동물로서 가장 우선시되는 목적은
다른 사람들과 좋은 관계를 유지하고 고립을 피하는 것이다.
그러기 위해서는 좋은 이미지와 평판을 유지해야 한다.
이러한 요구 역시 거절을 어렵게 만든다.

거절이
얼마나 어려우면

이렇게 거절은 사회적 동물로서의 지위를 위태롭게 만든다는 점에서 본능적으로 어렵고 위협적인 과정이다. 때문에 거절을 해야 하는 상황은 우리의 마음에 격렬한 감정반응을 가져온다. 이성적으로는 이렇게까지 어려워하지 않아도 된다는 것을 알면서도 어쩔수 없이 마음이 힘든 것은 그 때문이다.

막상 거절 상황에 서게 되어 상대방을 마주하게 되면 머릿속으로 생각했던 것보다 더 힘들어서 식은땀이 나고 어색하며 마음이 무겁고 벌써 후회가 되기 시작하는 등 각종 어려움이 밀려온다.

이렇게 거절이 어렵기 때문에, 부담스럽고 심지어 잘못된 일에서조차 우리는 예스맨이 되는 것이다. 70퍼센트의 평범한 사람들이 단지 완장을 찬 실험자가 부탁한다는 이유로 모르는 사람을 죽음

에 이르기까지 전기고문을 한다는 밀그램의 충격적이고도 유명한
실험이 있다.

최근 〈성격 및 사회심리학지Personality and Social Psychology Bulletin〉에 실
린 한 연구에 의하면 권력을 가진 사람의 부탁만 큰 힘을 가지는
게 아니다. 본인에게 영향력이 있는 사람도 아니고 그저 지나가는
낯선 이가 부탁한다는 이유로 많은 이들이 거짓말에 동참하거나
심지어 도서관 책에 낙서를 하는 일에 참여하고 말았다.₃

사람들은 이런 일에 세 명의 YES를 이끌어내려면 10~11명 정도
에게 부탁해야 할 것이라고 예측했다. 그러나 실제로는 평균적으
로 4~5명에게만 부탁하면 충분했다.

대부분의 사람들이 '이런 행동은 옳지 않다', '불편하다', '나중에 문제가 될까 두렵다' 같은 말을 하면서도 단지 부탁하는 사람 앞에서 NO라고 이야기하기가 어려워서 그릇된 부탁을 들어주는 경향을 보였다.

단지 갈등을 피하고 싶다는 마음, 모난 돌이 되고 싶지 않다는 마음 때문에 우리는 그러면 안 된다는 것을 뻔히 알면서도 심하게는 나쁜 일도 할 수 있는 '사회적' 동물이다.

까칠함의
미덕

성격적으로 사람들과의 관계를 중요시하고 갈등을 두려워하며
타인에게 가급적 친절하려고 애쓰는 사람들이
그렇지 않은 사람들에 비해
평소 원만한 인간관계를 영위하는 편이다.
하지만 이들은 때로 친한 사람들의 잘못된 부탁을
거절하지 못해 도덕적으로 그른 행동에 동참하기도 한다는
연구 결과들도 있다.4

우리 사회에서 '정', '우리가 남이가'로 행해지는
불의의 묵인과 동조들이 떠오른다.
이렇게 우리는 사회적 동물로서 타인의 영향과 부탁에
약한 본성을 지녔다.
하지만 보통 이를 잘 인식하고 있지는 않다.

따라서 바네사 본스Vanessa Bohns 등의 연구자는
각종 요구 또는 부탁이 가진 힘과 거절의 어려움을
얕보지 말아야 한다고 이야기한다.5

그래서 말인데 누구나 조금씩은 마음속에 까칠함을
의식적으로 장전하고 있는 것이 좋지 않을까?
그래야 요구의 힘에 무비판적으로
휘둘리지 않을 수 있을 테니 말이다.

특히 불합리하고 불의한 일을 부탁받았을 때 정색하고
"아니요. 하지 않겠습니다"라고 할 수 있게 말이다.
연구에서도 사람 좋기만 한 사람보다는
때에 따라 까칠할 줄 알고 정색할 줄도 아는 사람들이
불의에 동참하자는 요청을 잘 거절하는 모습을 보였다.

거절에도
연습이 필요해

NO....
NO.
NO!!
NO

I'M PENCIL ...

"No"라는 말이 쉽게 나오지 않을 때면,
일단 정색하고 빤히 쳐다보자.
'괜찮지 않다', '당신의 부탁에는 문제가 있다'는
메시지를 전하는 것이다.
하지만 결국엔 분명히 '싫다'고 말할 수 있어야 한다.
어렵지만 그렇게 되어야 한다.

평소에 거절하는 방법을 구체적으로 생각해놓으면 좋다.
혼자서라도 상황에 따라 약한 거절부터
강한 거절의 말까지 되뇌어보는 등 실전 연습을 해보면 더 좋다.

또 거절 상황에서의 어색함과 식은땀,
두려움 등을 자연스럽게 받아들일 줄 알아야 한다.
당신만 그런 것이거나 상황이 특별히 잘못되었다는
신호가 아니라 거절이란 원래 그런 종류의 것이다.

식은땀이 나는 것은 정상이다.
하지만 이것도 몇 번 하다 보면 자신감이 생겨서
조금은 덜 힘들어진다.
이런 연습이 되지 않으면 우리는
맨날 무리한 부탁을 들어주면서 자기 자신을 축내거나
원치 않는 불의에 동참하는 사람이 될지도 모른다.

하지 않습니다

〈뉴욕매거진〉에 실린 한 칼럼에 의하면
'못 한다(I can't)'라고 말하는 것보다
'안 한다(I don't)'라고 말할 때
더 자신의 의지가 담기게 된다고 한다.6

따라서 거절할 때도 '못 하겠다'고 하는 것보다
'그렇게 하지 않겠다'고 말하는 게 더 효과적일 수 있다.
예컨대 '저는 주말에는 메일 답장을 하지 않습니다'라고
이야기하는 것이다.

'나는 나를 곤란하게 만드는 일은 하지 않습니다'라고
마음속으로 다짐해보는 건 어떨까?

약한 거절의 예:
제가 바빠서 못 해드릴 것 같습니다.(자신의 부득이한 상황 설명)

/ 저는 도와드리지 못할 것 같지만
이런 방법이 있을 것 같습니다.(다른 방법 제시)/
그럼 대신에 저를 위해 이런 일을 해주시겠습니까?(맞 도움 요청)

강한 거절의 예:
그 일은 제가 불편하게 여기는 일이라 도와드릴 수 없습니다. /
나중에 저에게 문제가 생길 수도 있기 때문에 안 될 것 같습니다. /
그 일은 제 원칙에 벗어나기 때문에 안 되겠습니다.

하지 말아야 할 말:
도와주지 못해 미안합니다.(죄책감 느끼기) /
다음에 해드리겠습니다.(기약 없는 약속)

거절을 할 때에는 잘못된 믿음에 빠지지 않도록 주의해야 한다.
내가 도와주지 않으면 나를 비난할 거야,
관계가 틀어질 거야,
내가 쓸모 있을 때만 사람들이 나를 좋아할 거야
등등의 생각이다.

만약 이게 정말 사실이라고 해도 무리한 부탁을 들어줘야만
유지되는 관계라면 나 자신을 위해서라도
일찌감치 정리하는 것이 낫다.

나를
싫어할까 봐

거절은 하는 것도 힘들지만 당하는 것이 더더욱 힘들고 무섭다.
어쩌면 그 두려움을 알기 때문에
타인을 쉽게 거절하지 못하는 것일 수도 있다.

로이 바우마이스터Roy F. Baumeister 등의 학자들은
인간의 소속욕구가 식욕, 성욕과도 같은
가장 근본적인 욕구 중 하나라고 이야기한다.
반대로 소속되지 못하는 것,
즉 무리로부터의 영구적인 소외와 거절은
사망선고와도 비슷한 효력을 지닌다고 본다.[7]

그러다 보니, 우리들은 소외와 거절을 두려워한다.
소외와 거절이 일어나기 이전부터
혹시라도 누군가가 나를 싫어할까 봐,
눈앞의 상대방이 나로 인해 불쾌함을 느끼거나
나와 함께하는 시간을 지루해할까 봐 걱정한다.

아주 많은 사람들이
'거절에 대한 두려움 fear of rejection'을 가지고 있다.

'그 사람이 날 싫어하면 어떡하지?'
'방금 말을 좀 잘못한 거 같아.'
'분명 날 별로 안 좋아할 거야.'

소외의 결과가 파괴적임을 생각해보면
거절의 가능성을 두려워하고 걱정하는 것은
자연스러운 행동일 것이다.
하지만 문제는 거절당하는 것에 대한
'지나친' 두려움이 오히려 소외를 불러올 수도 있다는 점이다.

거절에 대한
두려움

A와 B는 오늘 처음 만났다.

A는 표정도 별로 좋지 않고 시종일관 어색해하고

뻣뻣한 자세로 앉아 있다.

말수도 많지 않고 쉽게 당황하기도 한다.

B와 눈도 잘 마주치지 않는다.

처음에 B는 A에게 호감이 갔다.

A도 자신에게 호감을 느낄 거라고 생각했다.

하지만 막상 만나고 보니 A의 태도가 아리송하다.

내가 불편한가? 만나기 싫은데 예의상 억지로 나온 건가?

A는 거절에 대한 두려움이 큰 사람일 가능성이 크다.

일반적으로 거절당하는 것에 대한

두려움이 높은 사람들은 그렇지 않은 사람들에 비해

사회적 상황 전반에 대한 두려움이 많다.

사람들을 만나는 다양한 상황에서

더 많이 긴장하고 초조해하며 불안에 떠는 경향을 보인다.

그러다 보니 사회적 상황에서 스트레스를 받는 정도가 비교적 높다.8

거절당하는 것에 대한 두려움이 높은 사람들은
그렇지 않은 사람들에 비해 다른 사람들이 자신을
아껴주고 가치 있는 사람으로 여겨줄 것,
사랑해줄 것이라는 믿음이 낮아
대인관계에 있어 자신감 또한 낮은 편이다.

본인만 스트레스를 받고 마는 것이면
그나마 괜찮을지도 모르겠지만, 거기에서 끝이 아니다.
사회적 상황에서 불안을 느끼는 것은
아주 미묘해도 표시가 나기 마련이고
(불안해하는 눈빛, 굳어 있는 표정, 움츠러든 몸 등)
금세 주변 사람들에게도 '잘은 모르겠지만
저 사람이 나를 불편해하는군' 같은 메시지를 준다.

두렵고 미숙할 뿐이지만 상대방의 머릿속에서는
'나를 불편해하거나 탐탁지 않아 한다'
같은 오해를 불러일으키기 쉽다.

날 좋아하는
사람들이 있어!

거절당하는 것에 대한 두려움이 높은 사람들은
비교적 도움받을 확률을 낮게 지각해
어려울 때도 도움을 잘 청하지 않는 경향을 보인다.

"에이, 누가 날 도와주겠어. 안 될 거야."

사회적 지지와 관련된 흥미로운 발견 중 하나는,
사회적 지지가 실제로 존재하지 않아도
자신을 신경 써주고 소중하게 여겨주는 사람이
존재할 것이라고 믿는 것만으로도
어느 정도 비슷한 효과가 나타난다는 사실이다.

반면 실제로 도움이 존재하지만,
그들의 존재를 부인하고 스스로 믿지 않으면
('나를 진심으로 아껴주는 사람들이 있을 리 없어')
도움의 효과가 나타나지 않는다.[9]

이렇게 사회적 지지는 전달하는 사람의 일방통행이 아니라,
받는 사람의 지각과 함께 완성된다.
즉 거절당하는 것에 대한 두려움이 높은 사람들은
설령 사회적 지지가 존재하더라도
그 효과를 잘 누리지 못할 확률이 크다.

거절에 대한 두려움이 클 경우 이렇게나 손해가 크다.

내가 내 친구를
좋아하는 이유

거절에 대한 두려움이 클 경우
타인을 즐겁게 만들어보려다가 빨리 방전되기도 하고,
결국에는 사람들과 함께 있는 시간을
어떻게든 피하고 싶어지기도 한다.

이럴 때는 누군가가 나를 좋아하는 것이 아닌,
내가 다른 사람들을 좋아하는 이유를 한번 찬찬히 생각해보자.
완벽하고 뛰어난 아이라서
내가 내 친구를 좋아하는 것은 아닐 것이다.
그저 함께 이야기하는 것이 좋고 취향이 비슷하며 엉뚱해서 등등,
사소하고 다양한 이유 때문에 그 친구를 좋아하는 것이다.

내가 다른 사람들을 좋아하는 이유가 다양하듯
다른 사람들 또한 나를 다양한 이유 때문에 좋아할 수 있다.
우리는 완벽하지 않아도 다른 사람에게 받아들여질 수 있다.
이런 마음을 가지고 좀 더 편안하게 사람을 대하면
거절에 대한 두려움은 사그라질 것이다.
내가 친구들을 좋아하는 이유를 생각해보자.

예: 같이 먹고 마시는 게 즐겁다. 말이 잘 통한다. 매력적이다.
웃기다. 똑똑하다. 엉뚱하다. 시끄럽지 않다.

이런 사소한 이유들 때문에
사람들 역시 나를 좋아하고 있다는 사실을 기억하자.

외로움을
조심하세요

심리학자 마이케 루만Maike Luhmann에 의하면
외로움은 물리적으로 혼자인 것과는 다르다.[10]
외롭다는 것은 자신의 기대보다
의미 있는 관계를 적게 맺고 있음을 말해준다.
어떤 사람은 한 명의 진실한 친구를 원하고
그걸로 만족할 수 있는 반면,
어떤 사람은 열 명이 있어도 부족하다고 느낄 수 있다.
이 기준은 사람마다 달라서
단순히 친구의 수만으로 외로움을 측정할 수는 없다.

다시 말해 외로움은 '자신이 원하는 만큼의
의미 있는 관계를 맺고 있는가'를 알려주는 지표이다.
실제로 외로움은 '겉으로'
잘 드러나지 않는 심리적 특성 중 하나이다.
친구의 수가 몇인지보다
관계의 질과 더 높은 상관을 보이기도 한다.[11]

뿐만 아니라 외로움은 건강과 행복의 큰 적이다.
외로운 사람들은 그렇지 않은 사람들에 비해
심장질환, 뇌졸중, 치매 등에 걸릴 확률이 높았다.
일찍 사망할 확률 또한 높았다.[12]

우리는 담배를 끊으라는 조언은 쉽게 하지만
외로움을 조심하라는 조언은 잘 하지 않는다.
하지만 학자들은 외로움도 그만큼 주의할
필요가 있다고 이야기한다.

간단하게 자신의 외로움을 자가진단 해보자.

- 주변에 믿고 의지할 만한 사람들,
나를 이해해주는 사람이 적어도 몇 명 있다.
- 이들과 일주일에 여러 번 만나거나 통화한다.
- 이들과 사적이고 깊은 대화를 충분히 나눈다.
- 완전히 혼자라거나 외롭다는 느낌을 잘 받지 않는 편이다.

이 모두에 자신 있게 Yes라고 답할 수 있다면
당신은 외로움으로부터 비교적 안전하다고 할 수 있다.
하지만 대답을 주저하게 된다면, 한 번쯤 생각해볼 문제다.

사실 외로움은 매우 흔한 문제여서
미국에서만 약 60퍼센트에 달하는 사람들이
만성적인 외로움을 호소한다.
즉 외로움을 느낀다고 해서 전혀 이상한 일이 아니다.

DO NOT
LEAVE YOURSELF
ALONE

만약
외롭다면

만약 모든 사람과 높은 수준으로 친밀한 관계를 맺기 쉽지 않다면
(사실 대부분 그렇다) 특별히 잘 맞는 몇몇 사람에게 집중하는 게
낫다. 핸드폰에 등록된 사람 수가 몇이냐보다 그중 언제든 편하게
연락할 수 있는 사람 수가 얼마나 되는지, 즉 '양질'의 인간관계가
얼마나 되는지가 더 중요하다.

사람마다 친밀한 관계의 만족스러운 양은 다 다르다. 어떤 사람은
2~3명이면 충분하고 또 어떤 사람은 10명 이상은 되어야 안정적
이라고 느낀다. 당신의 경우에는 어떤지 생각해보자.

현재 유지되고 있는 친밀한 관계의 수가 부족한지 아니면 넘치는지 점검해보자. 때로는 많은 것도 좋지 않을 수 있다. 관계 또한 에너지 소모가 많기 때문이다.

소모적이기만 한 관계가 있다면 과감하게 정리하는 것도 도움이된다. 그 관계를 유지하면서 상처를 많이 받고 아무리 노력해도 개선되지 않으며 애꿎은 자존감만 떨어졌다면 관계를 홀가분하게 놓아버려도 괜찮다. 내가 먼저 행복하고 건강해야 관계 또한 행복하고 건강할 수 있다는 사실을 잊지 말자.

누군가에게 사랑받는 것 못지않게 나도 다른 사람을 사랑하고 좋아하도록 노력해보자. 누구를 좋아하는 것 또한 사랑받는 것 못지않게 큰 즐거움을 준다. 의미 있는 활동, 봉사 등도 허한 마음을 채워준다. 봉사활동을 통해 사람과 연결되는 느낌을 얻게 되며, 외로움이 줄고 스트레스가 줄어드는 현상이 나타나기도 한다.

건강이 좋아지기도 한다. 고등학생들을 대상으로 어린 학생들의 학습이나 운동을 도와주는 등 일주일에 한 번 봉사활동을 하게 했더니 약 네 달 후 그렇지 않은 학생들에 비해 혈액 검사에서 심장질환과 관련된 지표들이 모두 양호해졌다는 결과도 있다.[13]

동물을 쓰다듬거나 안거나 먹이를 주는 등 동물과 친밀한 시간을 보내는 것 역시 외로움과 불안을 줄이는 데 효과적이다.[14]

혼자에 대한
두려움

외로움을 해소하기 위해
술, 담배, 도박 등 좋지 못한 방법을
사용하는 경우도 있다.
여기서 눈여겨볼 것은 외로움을 해소하기 위해
만족스럽지 않은 관계에 안주하는 경우이다.

다음에 답해보자.
1 = 전혀 그렇지 않다 5 = 매우 그렇다.

- 혼자 외롭게 늙을까 봐 두렵다.
- 나만 빼고 다 연애 중인 거 같다.
- 내 짝이 한 명도 없을지 모른다고 생각하면 무섭다.
- 평생 연애도 결혼도 하지 않은 사람들은 불쌍하다.
- 천생연분을 찾기엔 이미 늦어버린 것 같다.
- 영원히 싱글일까 봐 두렵다.

이 문항은 '혼자가 되는 것에 대한
두려움fear of being alone'
정도를 측정한다. 여기에 크게 동의하면
당신은 혼자가 되는 것을
두려워하는 편이라고 할 수 있다.

토론토대학의 스테파니 스필맨Stephanie Spielmann 등
학자들의 연구에 의하면 이 두려움이 큰 사람들은
그렇지 않은 사람들에 비해
바람직하지 않고 만족스럽지 않은 관계에
정착하게 될 확률이 높다고 한다.15

혼자가 되는 것에 대한 두려움이 큰 사람들은
그렇지 않은 사람들에 비해
비교적 덜 상냥하고 덜 매력적인 상대방과
데이트할 의향이 컸으며
이 관계에 회의적이라고 하면서도 만나볼 의향을 보였다.
불만족스러운 관계이지만 혼자가 되는 것이
두려워서 관계를 지속하는 것이다.

이들은 혼자가 아닐 수 있다면
파트너가 상냥하지 않고 자신의 말을
귀담아 들어주지 않아도 된다며,
파트너의 반응성 responsiveness 을
포기하는 모습을 보였다.

그런데 파트너의 반응성은 장기간 관계 만족도를
가장 잘 예측하는 요소 중 하나로서,
연구자들은 관계에서 이것을 희생할 의향이 있다는 것은
위험한 생각이라고 말한다.

혹시 자기 자신이나 주변의 누군가가
반복적으로 불만족스러운 관계에만
안착해온 것은 아닌지, 그러다가 관계에 대한
기대치와 자존감까지 낮아져버린 것은
아닌지 생각해보자.
그래서 결과적으로 더 외로워진 것은
아닌지 말이다.

싱글도
괜찮아

보통 싱글이라고 하면 외롭고 초라하다는 인식이 있다.
하지만 여러 연구에서는 싱글인 것이
꼭 나쁜 것은 아니며 오히려 싱글이기 때문에 누릴 수 있는
장점들이 존재한다고 이야기한다.

매사추세츠대학 연구진은
미국에서 싱글인 사람들은 결혼한 사람들에 비해
부모, 형제, 친구, 이웃, 직장동료와 더 가깝게 지낸다고 밝혔다.[16]
결혼을 통해 새로 얻는 관계도 있지만
멀어지는 관계도 있다는 것이다.

싱글인 사람들은 결혼한 사람들에 비해
주관이 더 뚜렷하고 내 삶은 내가 원하는 대로
사는 것이라는 느낌을 더 강하게 가지고 있었다.

이들은 '사람으로서 계속해서 성장해나가고 있다는 느낌'
또한 더 강하게 받는 것으로 나타났다.
여러 가지 의무와 역할들에 시간을 쏟는 대신
온전히 자기 자신과 자신의 일을 위해 시간을
쓸 여지가 더 많다는 것도 한몫하는 듯하다.

물론 싱글과 싱글이 아닌 것 중 뭐가 더 낫다고
단정 지을 수는 없다. 싱글이든 관계이든
다양한 형태가 있을 것이고, 어느 쪽이든 건강한 부류와
그렇지 않은 부류가 있을 것이다.
그렇기 때문에 가급적 자신의 몸과 마음을
해치지 않는 건강한 형태로, 스스로 행복할 수 있으면서
지속 가능한 쪽을 선택하면 된다.
무엇이든 주변의 기대 때문에 '억지로' 하지 않길 바란다.
어떤 모습이든 스스로 만족하고 행복을 느끼면 된다.

외로워지기 쉬운
사람들

사람에 따라 같은 환경이라도 다른 사람들에 비해 비교적 외로워
지기 쉬운 사람이 있다. 이들의 특성을 살펴보자면, 우선 사람들의
의도를 비교적 안 좋게 해석하는 경향이 있다.

예컨대 친구나 연인이 비슷한 실수를 했을 때 다른 사람들에 비해
그 실수를 더 안 좋은 것으로 지각한다. 또 상대방이 끼친 해를 과
대평가하는 경향을 보인다. 상황이 안 좋거나 어쩔 수 없어서, 또
는 실수로 나에게 잘못을 저질렀을 수 있는데, 이러한 가능성을 고
려하지 않고 그가 일부러 그랬다고 생각한다.

또 이 사람은 원래 이거밖에 안 되는 사람, 나쁜 사람이었나 보다
면서 잘못을 상대방의 인성 탓으로 돌리는(내적귀인) 경향을 비교
적 강하게 보이기도 한다.

이렇게 사람들의 의도를 부정적인 방향으로 편향되게 해석하다 보니, 오해하고 화를 낼 일이 비교적 많다. 또한 상대방도 나를 그런 사람으로 봤다면서 상처받을 일이 많다.

그 결과 이들은 주위 사람들로부터 실제 공격적인 반응을 잘 이끌어내는 편이라는 연구가 있다.17 이렇게 되면 이들은 다음과 같은 부정적인 사이클을 형성하게 될 수도 있다.

'역시 인간은 나빠'라고 생각하며 사람들을 더 부정적으로 보고 더 열심히 오해한다. -> 상대방을 공격한다. -> 상대방으로부터 공격받는다. -> 다시 상대방을 오해한다.

이런 특성을 가진 사람들은 다른 사람들에 비해 갈등을 겪을 때 이야기를 통해 차근차근 해결하기보다 화를 내거나 공격적인 모습을 보인다. 또 상대방을 깎아내리거나 비난하는 말을 잘 한다. 그러다 보니 갈등 해결에 어려움을 겪는다.[18]

사과를 받았다고 해도 상대방을 쉽게 용서하지 못하고 쌓아둔다. 이런 점 때문에 관계에서 받은 상처가 꽤 오래갈 수 있다.

이러한 행동 양식을 가진 사람들은 인간관계를 잘 유지하지 못하며 이혼율도 높았다. 행복도도 비교적 낮은 편이다. 이것들은 성격 5요인(외향성, 성실성, 원만성, 개방성, 신경증) 중 신경증이 높은 것과 관련된 특성이다.[19]

신경증은 흔히 부정적 정서성이라고 불리며, 신경증이 높은 사람들은 그렇지 않은 사람들에 비해 일상생활에서 각종 '부정적 정서(각종 스트레스 및 화, 슬픔, 불안, 우울 등)'를 쉽게 느낀다. 흔히 예민하다거나 감정기복이 크다고 이야기하는 것과 관련된 특성이다.

혹시 당신이나 주변 누군가의 이야기라고 느껴지는가?

다시 한 번
생각하기

결국 사람의 의도에 대한 부정적인 해석과 오해,
공격성이 문제임을 기억하자.
누군가의 행동에 대해 섣불리 잘못되었다고 단정 짓기 전에,
그것이 정말 잘못인지, 아니면 나의 해석이
편향된 탓인지 생각해보는 것이 큰 도움이 된다.

화를 내기 전에 '잠깐!' 하고 외쳐보는 것도 중요하다.
"정말 화를 낼 만한 일인가?"
누군가의 행동 또한
"정말로 나에 대해 나쁜 의도가 있었던 걸까?"
"나쁜 의도였음을 상대방에게 확인했나?"
"내가 멋대로 오해한 건 아닐까?"
하고 멈춰서 생각해보자.

평소에는 그렇지 않아도
스트레스가 쌓여 있는 상황에서는
누구나 이런 행동을 보일 수 있다.
따라서 가벼운 운동이나 유머를 활용하는 등
평소에 스트레스를 적절히 해소할 줄 알아야 한다.

최근 누군가의 행동을 오해한 적은 없었는지 곰곰이 생각해보자.

세상의 등을
보며

오늘따라 세상 사람들이 다 마음에 안 들고
세상이 날 괴롭히는 것 같다면,
또 작은 일에도 화가 치밀어 오르고
감정 조절이 잘 되지 않는다면,
아마 당신은 지금 피곤하거나
에너지 소모가 많은 상태일 것이다.

인간은 당분을 에너지원으로
움직이는 존재라는 사실을 기억하자.
기름이 넘친다고 해서 차가 잘 굴러가는 것은 아니지만
기름이 없으면 한 바퀴도 굴러갈 수 없는 것처럼,
우리 역시 당분 없이는 굴러갈 수 없는 존재다.[20]

한 연구에서는 며칠간 부부들에게
저주 인형을 주고 서로가 미울 때마다

바늘을 맘껏 꽂으며 저주하도록 했다.
그 결과 저녁에 혈당 수준이 낮을수록 부부싸움을
심하게 하고, 저주 인형에 바늘을 많이
꽂는 경향이 나타났다.[21]

친절함에도 역시 에너지가 많이 필요하다.
복잡한 업무를 한 직후처럼
에너지 소모를 많이 한 다음에는
친절한 정도나 사회성이 떨어져 퉁명스럽거나
차가운 모습을 보인다는 연구도 있었다.[22]

오늘따라 세상이 나에게 등을 돌리는 것 같다면,
정말 그런 것인지 아니면 내가 그저
피로하고 당분이 부족해서 그런 것인지 잘 생각해보자.

내향성과
외향성

사람들은 보통 자기 자신에 대해
내향적 또는 외향적이라고 이야기한다.
마치 성격이 딱 두 가지로 나뉘는 것처럼 말이다.
그런데 이러한 생각은 잘못된 통념이다.

만약 당신이 평소에 '나는 원래 내향적이야'라고
말하는 사람이라면, 조금 더 생각해볼 필요가 있다.
그렇게 느끼게 된 실제 원인을 보지 않고
'난 원래 이런 성격이라서 어쩔 수 없어!'라며
옳지 않은 변명을 하고 있는 것은 아닌지 말이다.

심리학자 아이젱크는 외향적인 사람들에 대해
다음과 같이 서술한 바 있다.

"사교적, 파티를 좋아하고, 친구가 많고,
말하는 걸 좋아하고, 다소 산만하며, 흥분을 추구하고,
충동적인 편이며, 낙관적이고 잘 웃고 즐거운 것을 좋아함."

외향성은 성격 특성 중 유전의 영향이
가장 큰 특성이며(약 50퍼센트) 주변 사람들이 생각했을 때
가장 정확하게 맞힐 수 있는 성격 특성 중 하나이다.[23]
외향성의 핵심은 사회성보다 '높은 에너지'와
'긍정적 정서성', '자극 추구성'이다.[24]
외향성이 높은 경우 쉽게 들뜨고 자극을 좋아하며
배터리도 오래가기 때문에 각종 사회활동과 야외활동 등에
최적화되어 있다고 할 수 있다.

실제로 외향성이 높은 사람들은
그렇지 않은 사람들에 비해 사람들이 많은 환경, 사람들과
함께 일하는 것, 나서는 것을 좋아하고
야외활동도 비교적 더 좋아하는 경향을 보인다.

흔히 외향성이 낮다고 하면
사회성이 낮고 부끄러움이 많은 사람들을 떠올리지만
이는 편견에 가깝다.
외향성이 낮을수록 북적북적한 환경을
덜 선호하긴 해도 실제 연구에 의하면
외향성이 낮은 정도와 모임을 즐기는 정도는 상관이 없다.
즉 소위 내향적인 사람들도
외향적인 사람들과 동일하게 사교활동을
즐거워하는 모습을 보였다.[25]
다만 '적극적으로' 찾아 나서지는 않는
부분(그리고 에너지 수준)에서 차이가 난다.

로버트 타이어Robert Thayer 등의 심리학자들은
우리가 '가용 에너지 수준에 따라
행동 의도가 달라지는 동물'이라고 말했다.[26]
여기에서 힌트를 얻으면 에너지 수준이 낮은 사람들에 대해
다음과 같이 생각해볼 수 있다.

내향적이면 차분하고, 특별히 자극을
추구하지 않고, 에너지가 별로 없다.
(기질적인 축 처짐, 귀찮음, 일반적으로 흥미 수준이 낮음).
물론 사람들과 만나서 즐거운 시간을 보내면
즐거워지지만 문제는 배터리가 오래가지 않는다.
즐겁긴 하지만 외향성이 높은 사람보다 빨리 지친다.
집에 가고 싶은 순간이 더 빨리 온다.

사실 그전에 집 밖을 나서기 전부터 조금 귀찮다.[27]
별로 자극을 추구하지 않는 내가,
혼자서도 그럭저럭 잘 노는 내가 씻고 옷 갈아입고
대중교통을 이용해 약속장소까지 나가는
수고를 감수하기가 너무 귀찮다.
에너지가 별로 없다. 일단 나가고 나면
괜찮을지 몰라도 나가기까지가 고비이다.
그냥 집이 좋다.

내향적이기도
외향적이기도 해

사람들이 성격을 내향 또는 외향으로

딱 나누어 생각하는 이유는

그렇게 하는 것이 구분하기 편하기 때문일지도 모르겠다.

하지만 실제로 사람들의 성격은 연속선상에 위치한다.

딱 외향과 내향 둘로 구분되는 게 아니다.

양쪽 끝보다 중간이 제일 많은

정규분포 모양을 따르고 외향성 또한 중간인 사람이 제일 많다.

애초에 성격을 ㅁㅁ vs. ㅇㅇ로 보는

개념이 잘못된 것이다.

외향성이 중간이라는 건 뭘까?

중간이라 함은 이쪽도 저쪽도 아니고

상황에 따라 유연한 것이라고 생각하면 된다.

생각해보면 한쪽에 극단적으로 치우쳐져서

항상 내향적이고 항상 외향적인 것보다,

살짝 치우친 정도이거나 딱히 한쪽으로 치우치지 않은 편이

다양한 상황에 제일 적응적이지 않을까?

예를 들어 영업사원의 경우 흔히 외향성이 높을수록
적격이라고 생각하지만, 실제 성과는 외향성이 중간일수록
뒤집어진 U자 형(좋음)을 보인다는 연구가 있었다.[28]
늘 들떠 있고 목소리가 크고
밀어붙이기만 하면(외향성의 또 다른 특징)
소비자가 불편해하기 때문이다.

어떨 때는 높은 에너지를 보이고 적극적이지만
또 어떨 때는 차분하게, 상대의 말을 가만히 들을 줄도 아는 사람이
더 성과가 좋은 건 당연한 것 같다.
물론 지나치게 내향적이어서 적극성이 떨어지면
성과가 떨어지는 현상이 나타난다.

여하튼 '난 내가 내향적인지 외향적인지 모르겠다',
'완전히 내향적이거나 외향적인 거 같진 않다',
'어떨 땐 다소 내향적이지만 또 어떨 땐 다소 외향적이다'
같은 생각을 하고 있다면 아주 정상이라고 볼 수 있다.
실제로 이런 사람들이 제일 많다.

미소를
지어보자

귀찮은 마음 때문이 아니라
사람이 무섭고 사회적인 상황이 불편하게 느껴져서
사람을 찾아 나서지 않는 것이라면
그것은 내향적이기 때문이 아니라
다른 이유 때문일 가능성이 크다.

혹시 자존감이 지나치게 낮거나 불안정한 것은 아닌지
(사람들의 눈을 지나치게 의식) 생각해보자.
신경증이 높은 것은 아닌지, 거절에 대한 두려움이
지나치게 큰 것은 아닌지, 관계적 기술이 부족한 것은
아닌지도 잘 생각해보자.
원인이 다른 데 있는데 그냥
'나는 원래 내향적이니까, 원래 그런 성격이니까'라고
변명해온 것은 아닌지 말이다.

만약 관계적 기술이 부족해서라면,
어색할 때 그냥 따뜻한 미소를 지어보자.
UC 어바인 연구진에 따르면
처음 보는 낯선 사람에게 단지 따뜻한 미소를
지어 보이는 것만으로도 충분히 호의가 표현되고
분위기를 원만하게 만들 수 있다고 한다.29

우리는 누구나 어느 정도는 관계에 대한
두려움을 가지고 있으며 자신에게 호의를 베푼 사람을
반길 준비가 되어 있다.
사람이 사람에게 다가가는 데에는 생각보다
많은 노력이 필요하지 않다.
때로는 작은 미소 하나로 충분하다.

안 맞는 사람과는
작별하자

사람의 태도나 행동 등은 노력에 따라 비교적 쉽게 바뀐다.

반면에 가치관이나 성격 등은 잘 변하지 않는다.

따라서 나를 괴롭히고 견딜 수 없게 하는

어떤 사람의 특성이 사소한 행동이나 태도의 문제라면

관계를 유지해볼 만할 것이다.

상대방에게 변화의 의지가 있다면 바뀔 수 있는 부분이니까 말이다.

하지만 성격이나 가치관처럼 좀 더 근본적인 부분이 문제라면

관계를 재빨리 끊는 것이 나의 건강에 더 이로울 것이다.

재력 등 기타 요소가 일정할 때

일반적으로 나이가 들수록 약간 행복해지는 경향이 나타나는데,

어떤 연구에서는 그 이유 중 하나가 인간관계의 가지치기 능력이

좋아지기 때문이라고 밝혔다.[30]

즉 나이가 들수록 좋은 사람은 더 많이 만나고

싫은 사람은 덜 보는 지혜가 생긴다는 것이다.

누군가가 나를 마음에 들어 하지 않는다고 해서
굳이 상처받을 필요는 없다.
그냥 그 사람의 짧은 인생에서 그에게 맞는 사람이
따로 있을 뿐이라고 생각하자.
내가 모든 사람들을 마음에 들어 하지 않듯
그 사람도 그런 것일 뿐이다.
끝내 좋은 친구를 발견하게 되었을 때 그걸 기뻐하면 된다.

한 가지 주목할 점은 때로는
정말로 해로운 관계들이 존재한다는 사실이다.
인신공격을 하며 자존감을 무너뜨리거나
자신의 위치와 권력을 이용하여
상대방의 자율성과 통제감을 뭉개는 사람들이다.
나의 자존감과 통제감을 끊임없이 해하는 사람이
주변에 있는지 한번 생각해보자.

이런 정서적 학대자abuser가 있을 경우,
부모 자식처럼 아무리 가까운 사이라고 할지라도
관계를 끊거나 적당한 거리를 유지하는 것이 좋다.

침묵 위에서
자라난다

남아프리카공화국 출신 미국 코미디언 트레버 노아Trevor Noah는 그의 저서 〈Born a crime〉에서 다음과 같은 경험을 고백했다.31

트레버는 아파르트헤이트 정책(인종차별정책. 백인과 비백인의 융합을 법으로 금지하고 흑인을 비롯한 유색인종들의 주거지, 교육, 일자리를 법적으로 제한시키며 서로를 이간질시켰다) 아래 백인 아버지와 흑인 어머니 사이에서 태어났다. 당시 백인과 흑인이 아이를 갖는 것은 불법이었으므로 그는 아버지와 어떤 법적 관계도 가질 수 없었다. 아버지와 함께 살 수도 없었고 공공장소에서 아버지라고 부를 수도 없었다. 들키면 온 가족이 감옥에 갈 수 있기 때문이다.

그러다 결국 열두 살 때 아버지와 헤어지게 되었고 10여 년이 지나서야 다시 아버지와 만나게 되었다. 그전에도 아버지를 자주 본 것은 아니어서, 그는 아버지가 스위스 사람이고 요리를 잘 한다는 것 말고는 아버지에 대해 아무것도 몰랐다. 그래서 급한 마음에 아버지에게 질문을 쏟아냈다. "스위스에 가족이 있나요? 형제, 자매는요? 어떤 직업들을 가졌죠? 학교는 어딜 다니셨어요?" 그러자 아

버지는, 언짢아하며 너는 원래 사람이랑 친해지고 싶을 때 심문부
터 하느냐고 물었다. 그리고 그냥 오늘 하루 함께 편하게 지내자고
했다.

둘은 거의 아무 말도 없이 맛있는 저녁식사를 하고 디저트를 먹고
스포츠경기를 보고 아버지가 좋아하는 음악을 들었다. 헤어지기
전 그들은 이런 대화를 나눴다.

"자, 오늘 나에 대해 어떤 걸 알았니?" "어…, 아버지는 되게 말이
없고 비밀스럽다는 거요." "거봐, 벌써 많이 알았잖니."

트레버는 이 일로 관계는 말보다 조용함silence을 통해 쌓이는 것임
을 깨달았다. 그 사람이 평소에 무엇을 하고 어떤 것을 좋아하는지
조용히 관찰함으로써 그 사람을 알아갈 수 있음을 말이다.

나와
함께한다는 것

사람들은 타인과 침묵 속에서 온전히 함께하기만 하는 것도 잘 못 하지만 자기 자신과 함께하는 것도 잘 못 한다.

사람들에게 아무것도 안 주고 조용한 방에서 혼자 생각에 잠기거나 가만히 있으라고 하고 작은 전기충격기를 하나 주었다. 그러면 많은 사람들이 아무것도 안 하는 걸 못해서 차라리 자기 자신에게 전기 충격을 주면서 노는 것을 택한다. 어찌 보면 심심한 것보다는 나으니까 당연한 결과인 것 같기도 하지만, 아무리 그래도 왜 우리는 그렇게까지 혼자서 온전히 있는 걸 못 하는 걸까?32

그 이유는 심심한 상태를 못 견디기 때문이기도 하지만, 외부 자극에 주의를 기울이는 것을 멈추면 주의가 내부로 향하기 때문일 수도 있다. 잠이라도 자거나 정신을 다른 데 팔지 않는 한 생각을 멈추는 것은 쉽지 않은 일이다. 그럴 때 사고의 방향이 자기 자신을 향할 경우 사람들은 주로 '부정적인 정서'를 느낀다. 마크 리어리는 이에 대해 자아, 즉 나라는 사람에 대해 의식적으로 생각하고 평가할 수 있는 능력을 가진 동물이 받은 저주라고 말하기도 했다.

잠들기 전에 유독 이불 속에서 하이킥을 하는 일이 자주 벌어지는 것도 아마 같은 맥락일 것이다. 이 시간은 비교적 다른 외부의 자극 없이 온전히 나 혼자 있는 시간이다. 이때면 나 자신에 대한 생각을 하며 '지난번에 그 일, 너무 창피해! 왜 그랬을까?!'라는 등 자아의 목소리가 들려온다.

자아는 내가 나 자신을 돌아보고 스스로 어떤 사람인지 깨닫고 미래를 계획하는 등의 일을 하기 위해서도 꼭 필요한 시스템이다. 하지만 이 '스스로 안다'는 점 때문에 머릿속에서 자기 자신을 끊임없이 평가하고 잔소리하는 등 귀찮은 점도 많은 시스템이다.

가끔은 좀 불편해도 내가 하는 말을 가만히 들어보는 일이 필요하긴 하다. 가끔은 엉뚱한 생각에 빠져 있는 자기 자신에게 놀라기도 하면서 스스로에 대한 새로운 깨달음을 얻을 수도 있다. 자주 빠져드는 생각이나 망상을 통해 '나 요즘 외로운가 봐' 또는 '누군가에게 인정받고 싶다'는 등의 자가진단을 내려 볼 수도 있는 일이다.

간혹 몸이 너무 피곤하지만 잠을 자고 싶지 않을 때가 있다. 이럴 때 자기 자신과 단둘이 시간을 보내보면 어떨까? 많은 시간을 할애하지는 못해도 잠깐이라도 나 자신과의 세계에 빠져보는 것도 좋을 것이다.

06

실패가
뭐 어때서

실패는
마이너스일까?

다음을 읽고 동의하는 것에 체크해보자.

• 후회하는 것은 좋지 않다고 생각한다.

• 실패는 가급적 피하는 것이 좋다.

• 실패를 자주 할수록 좌절을 극복하는 것이 어려워질 것이다.

• 실패를 거듭할수록 성공이 어려워질 것이다.

• 실패하면 주변 사람들로부터 도움을 받기 힘들 것이다.

• 실패하면 사람들은 나를 외면할 것이다.

• 사람들이 나를 어떻게 볼지 두렵다.

• 거짓말을 하더라도 나의 실패를 숨기고 싶다.

• 실력이 늘지 않아도 좋으니까 좌절이나 실패만은 하지 않으면 좋겠다.

• 일이 잘 되지 않을 때를 대비해서 수많은 대비책을 준비해두는
편이다.

• 잘 된 사람을 보고 '저 사람처럼 성공해야지'라고 생각하기보다 잘
안 된 사람을 보고 '저 사람처럼 되지 말아야지' 하고 생각하는 편이다.

실패를 두려워하지 않는 사람이 있을까 싶을 정도로
실패에 대한 두려움은 보편적으로 나타난다.
단지 구체적인 양상과 정도의 차이가 있을 뿐이다.
그런데 그 차이가 우리 삶의 태도와
감정, 성과 등을 바꾼다.

실패에 대한 두려움만큼 우리의 발목을 잡는 게 또 있을까?
많은 사람들이 무엇을 해보기도 전에
실패할까 봐 걱정부터 한다. 더 나아가 실패했을 때
느끼게 될 대표적 감정 중 하나인
후회에 대해서도 걱정한다.

'이렇게 했다가 후회하면 어떡하지…'

그러다 결국 실패하지 않기 위한 최선의 선택으로
'아무것도 시작하지 않기'를 선택하곤 한다.
아무것도 하지 않았으면서
'적어도 난 실패하지 않았으니까 괜찮아'라고
스스로를 위로한다.
아무것도 하지 않은 상태를 '0'이라고 하면,
실패를 '마이너스'라고 생각하기 때문에 차라리
0이 이득이라고 생각하는 것이다.

하지만 정말 실패는 마이너스일까?
정말 아무것도 하지 않는 것이 더 이득일까?

이렇게 한번 생각해보자.
실패는 유리가 힘을 받아 깨지는 과정과 비슷한 것일까,
아니면 철이 두드림으로 단련되는 것과 비슷한 것일까?

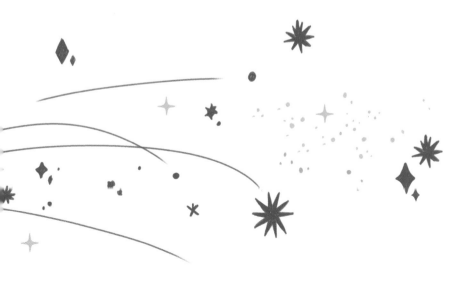

후회하지 않기 위한
후회

후회는 여러 감정 중에서도 우리의 목표, 열정과

긴밀한 관련을 보이는 감정으로

목표가 좌절되었을 때 흔히 나타난다.

그리고 후회는 괴롭다.

얼마나 괴로우면 '후회하지 않도록'이

흔한 동기부여가 된다.

오랜 후회는 우울과 불안, 자기학대,

섭식장애 등과도 관련을 보인다.[1]

따라서 가급적 후회할 일을 만들지 않거나,

과거를 아예 돌아보지 않는 것,

실패를 아예 기억에서 지우고 다시 생각하지 않는 것만이

최선인 것 같은 생각이 든다.

하지만 이렇게 후회를 전혀 하지 않는 것은
불가능할 뿐더러, 억누르는 것도 최선의 대처는 아니다.
우리의 감정은 억누를수록 더 튀어나오는 성질을
가지고 있기 때문이다.
또한 후회가 없다면 더 나은 내가 된다는 것은 불가능하다.

이상하게 들릴지 모르지만 후회를 할 줄 알아야,
후회스럽지 않은 삶을 살 수 있다.

후회는 보통 '만약 ~했더라면'이라는 형태로 나타난다.
아무것도 할 수 있는 게 없었던 상황보다
뭔가 할 수 있었을 때, 또 목표가 애초에 좌절되었을 때보다
눈앞에서 놓치게 되었을 때 더 강하게 나타난다.
따라서 동메달리스트보다 금메달이라는 목표를
더 가까이에서 놓친 은메달리스트가
더 후회가 큰 현상이 나타난다.2

또한 후회는 꿈과 목표가 절실할수록 더 크게 나타난다.
실패도 다 같은 게 아니다. 예컨대 운동선수가 꿈이 아닌
사람은 그것이 꿈인 사람과 다르게 경기에서 지거나
나쁜 평가를 받아도 크게 좌절하지 않을 것이다.
관심 없는 사람보다 소중한 사람에게 미움받는 것이
더 슬픈 일이듯 목표 역시 마음이 많이 가는 목표일수록
좌절되었을 때 후회가 더 크다.3

따라서 실패하지 않는 가장 좋은 방법은
아무것도 하지 않는 것이라는 말처럼,
후회하지 않는 가장 좋은 방법 또한 꿈과 열정을 가지지 않는 것이다.
또는 목표에 조금도 다가가지 못하고 아주 일찌감치
포기해버리는 것이다.

이렇게 후회는 목표를 이루고 싶은 정도,
또 목표에 다가간 정도와 긴밀한 관련을 보인다.
때문에 자신이 무슨 일들을 많이 후회하는지를 보면
어떤 목표가 있었고 어떤 실패를 했는지,
지난 시간 동안 내 삶을 이끌어온 원동력이 무엇인지,
또 무엇을 달성했는지를 볼 수 있다.

내가 몇 달간 제일 크게 후회한 일은 무엇인지 생각해보자.
후회는 당신의 욕망을 투명하게 비춰주는 거울이다.

좌절과
잘 지내는 사람

후회에는 삶의 중요한 사안들에서
자신이 어떤 실수 또는 잘못을 했는지에 대한
인정과 반성이 담겨 있다.
현실과 자기 자신에 대한 뼈아픈 직면을
담고 있다는 것이다.

심리학자 로라 킹Laura A. King은
후회야말로 사람을 성장시키는 중요한 계기가 된다고 보았다.
놓친 꿈에 대한 후회를 통해
우리는 자신이 어떤 사람인지 바라볼 수 있고
이를 기반으로 미래를 설계할 수 있다는 것이다.4

과거의 실패에 대해 전혀 후회하지 않는 사람이
과연 발전하고 성장할 수 있을까? 아마 어려울 것이다.
후회는 우리가 자기 자신과 세상에 대해
깊은 통찰을 얻게 한다.
후회하고 있다면, 무엇이 잘못되었는지 알고 있다면
당신은 벌써 성장하고 있는 것이다.

후회를 통해 더 앞으로 나아가기 위해서는 조건이 하나 있다.
'실패는 목표 또는 꿈이 있기 때문에 하는 것'이라는
인식이 바로 그것이다.
실패를 지나치게 두려워하기보다
'꿈이 있는 한 실패와 후회는 자연스러운 것'이라고
덤덤히 받아들이고 계속 조금씩 나아가려는 태도가 중요하다.

꿈을 추구하는 과정은 일생에 걸친 장기전이라는 것과,
그 과정에서 실패와 후회를 겪는 것은 자연스러운 일임을 알고,
지나치게 일희일비하지 않는 것이
성숙한 사람과 그렇지 않은 사람의 차이를 만든다.

성숙한 사람은 실패하지 않고 후회하지 않는 사람이 아니다.
삶의 쓰라린 부분들도 덤덤히 받아들일 줄 알고
이를 통해 배우는 사람이다.
진정으로 강한 사람은 좌절을 겪지 않는 사람이 아니라
좌절과 잘 지낼 줄 아는 사람이다.

그냥 한 번의
실패일 뿐

당신은 실패와 잘 지낼 줄 아는 사람인가?
다음에 YES나 NO로 대답해보자.

· 어떤 일을 하다가 막다른 길에 부딪히거나
실패를 하게 되면 이제 다 끝이라는 생각이 든다.
· 한 번 크게 실패하면 다시 일어날 수 없을 것이다.
· 실패를 통해 얻는 것보다 잃는 것이 더 많다.
· 실패는 성공에 걸림돌이 된다.

YES가 많을수록 당신은 실패를 부정적으로 바라보는 편이다.
실패는 부정적이고 한 번 실패하면
그것으로 모든 게 끝이라고 생각하는지,
아니면 실패를 통해서도 배울 수 있는 게 있고
그것이 새로운 성장의 기회가 된다고 생각하는지에 따라,
사람들은 서로 다른 삶을 살게 된다.

예컨대 지능이 고정되어 있다고 여기는 사람들은
그렇지 않은 사람에 비해

문제가 조금만 어려워도 빨리 포기하는 경향을 보인다.
작은 어려움을 당연한 성장의 과정으로 보기보다 자신의 한계가
드러난 막다른 길로 보기 때문이다.5

한편 지능이 고정되어 있다고 생각하는 사람들은
노력하면 지는 것이라고 생각하기도 한다.
능력은 선천적으로 타고나는 것이기 때문에
노력을 많이 한다는 것은 능력이 부족하다는 뜻이라고 여긴다.

또한 이들에게 있어 실패란 노력의 부족이 아니라
타고난 능력의 부족을 의미하기도 한다.
따라서 실패가 조금만 애쓰면 극복할 수 있는
하나의 사건이 아니라, 자기 자신의 능력 자체에 대한
부정과 같이 더 큰 좌절로 다가오게 되기도 한다.

이렇게 한 번 넘어지면 그걸로 끝이라고 생각하는 사람들은
장애물을 만나면 그냥 멈춰서고 만다.
그 결과 발버둥 쳐도 될까 말까 한 상황에서 아무것도
하지 않은 채 정말 망하는 길로 간다.

관계의 무덤

인간관계에서도 마찬가지다.
한번 틀어진 관계는 고칠 수 없다고 생각하는 사람들은
그렇지 않은 사람들에 비해 사소한 갈등에도
관계를 쉽게 포기하는 경향을 보인다.

인간관계에서라면 당연히 있을 수밖에 없는
작은 갈등에도 역시 이번에도 틀렸다며
성급한 포기를 하고 만다.
결국 외로움의 길을 걷게 될 확률만 높아진다.

한번 틀어진 관계는 그걸로 끝이라고
생각하는 사람들은 관계에서 상처를 받았을 때
그 상처가 비교적 오래가기도 한다.
상대방이 어떤 노력을 하든 말든 한 번 일어난 일이
반복해서 일어날 것이라고 여기고 계속 두려움을 느끼기도 한다.6

그러면서 평소에 관계를 증진시키려는 노력도 별로 하지 않는다.
상대방을 위해 자신이 어느 정도 양보하는 등의
희생도 별로 하지 않는다.7 전반적으로 관계를
필요 이상으로 어렵게 느낀다.
하지만 노력은 하지 않고, 좌절은 더 많이 한다.

또한 상처도 더 많이 받는 모습을 보인다.
어차피 안 될 걸 아니까, 희망이 없으니까
더 나아지기 위해 애쓰지 않는다.
관계가 힘들어질 때면 언제든
도망갈 기회만 노린다. 그러고는 자기 주변에
좋은 사람이 없다며 한탄한다.

이렇게 실패하면 끝이라는 생각이
진짜 끝을 가져올 수도 있다.

실패가
뭐 어때서

사람들이 가지고 있는 기본적인 인지적 편향
(보편적으로 가지고 있는 착각) 중에는
실제보다 본인을 대단한 사람이라고 생각하는 착각이 있다.
예컨대 90퍼센트의 사람들은
'나는 적어도 평균 이상은 갈 거야'라고 생각한다.
또 별다른 근거 없이 자신의 미래가 어둡기보다는 밝을 것이며
사람들도 자신을 싫어하기보다는 좋아할 것이라고 생각한다.

이렇게 자기를 높이는 편향self-serving bias은
행복에 보탬이 될 뿐 아니라,
사람들에게 나는 이미 괜찮은 사람이고
하면 된다는 희망과 자신감, 도전의식을 준다는 점에서
우리 삶에 무척 유익한 편향 중 하나이다.

하지만 안타깝게도 이런 편향은
주로 미국이나 유럽 문화권에서 널리 나타나는 반면,
한국 사회에서는 잘 보이지 않는다.8
우리 사회에서는 자신의 장점에 주목하고
이를 자랑스러워하기보다 단점에 주목하고,
잘하는 일을 늘리는 데 애쓰기보다
못하는 일을 없애는 데 애쓰는 모습이 많이 나타난다.

이런 우리 사회에서는 실패가 성장을 위한 기본요건이라는
사실과, 사람들은 각자 다양한 재능을 갖고 있으므로
한 가지 기준에 맞춰 평가하기보다
다양성을 충분히 고려해야 한다는 사실을 인정하는 것이 필요하다.
실패해서 좌절한 순간에 넌 지금 충분히 잘하고 있다고,
천천히 네가 걷고 싶은 길을 가면 되는 거라고,
내가 함께하겠다고 말해주는 사람들이 있다면,
우리 사회의 모습이 조금 달라질 수 있지 않을까?

그런 사람이 없다면 자기 자신에게라도
그렇게 말해주어야 할 것이다.
실패를 허용하자.

실패에서
얻는 것

실패는 원래 나쁘고 절대 안 하는 게 좋지만
어쩔 수 없으니까 좋게 받아들이자는 이야기가 아니다.
실패를 통해서만 얻을 수 있는 것들이 있다.

예를 들어 성공에만 집착하는 의사와
성공뿐 아니라 자신의 실패에도 주의를 집중하는 의사 중
어떤 의사가 더 훌륭한 의사가 될까?
fMRI를 사용한 한 연구에 의하면
뇌의 전두엽(논리적 사고력을 담당하는 부분)이 성공뿐 아니라
실패 시 활성화된 의사들의 실력이
성공 시에만 활성화된 의사들의 실력보다
더 크게 향상되었다고 한다.9

성공 못지않게 자신의 실패를 잘 관찰하고
많이 생각한 사람들이 실력이 더 좋아진 것이다.

성공에만 집중하고 실패는 무시한 채로
'역시 내가 맞아'라고 생각만 한 사람보다,
실수를 통해 자신이 실제로 모르는 부분을 배운 사람들이
실력이 좋아진 것이다.
연구자들은 '성공 좇기success-chasing'만 해서는
기분이 좋아질 뿐 배우는 건 없다고 언급하기도 했다.

성공은 우리가 잘하는 것이
무엇인지 알려준다는 점에서 소중하지만,
실패는 우리가 잘 모르고 있는 것, 보완해야 할 것이
무엇인지를 알려준다는 점에서 역시 소중하다.
실패만이 우리에게 줄 수 있는 가르침이 있다는 점에서
실패는 정말로 필요한 것이다.

다듬어지는
과정

당신은 정말 잘하는 사람이 되고 싶은가?
아니면 못해도 좋으니까 실패만 안 하는 사람이 되고 싶은가?
사람들이 어떤 목표를 추구하는 태도에는
크게 두 가지가 있다.

하나는 과정 하나하나에 진심을 다하며
그 일에 숙련되길 바라는 태도이고(숙련 목표),
다른 하나는 과정이야 어땠든 결과만
좋길 바라는 태도이다(성과 목표).10

당장의 성과보다 최종적인 숙련을
더 중요하게 생각하는 사람들은 그렇지 않은 사람들에 비해
당장의 실패를 덜 두려워하는 모습을 보인다.
실패를 피해야 하는 것으로 생각하기보다
자신의 약점을 발견하고 더 나아지기 위해서
거쳐야 하는 필수 관문으로 생각한다.

따라서 실패를 더 자연스럽게 받아들일 줄 알며
작은 실패 하나에 자신의 모든 가치를 걸거나
크게 좌절하는 일이 잘 발생하지 않는다.

또한 이들은 크고 작은 실패를 자연스러운 것으로 받아들이며
자신을 단련하는 과정에서 좌절을 잘 넘기는 법을 배우게 된다.
그 결과 나중에 삶에서 더 큰 힘든 일이 생기더라도
탄력성 좋은 고무줄처럼 비교적 잘 털어내고
원래대로 돌아오는 모습을 보인다.

실패를 겪으며 점점 성숙해지는 것이다.

실패보다
더 무서운 것

숙련도보다 눈앞에 보이는 성과나 점수 등에

더 크게 매달리는 사람들은

그렇지 않은 사람들에 비해

실패를 매우 두려워하는 모습을 보인다.

이들은 속임수를 써서라도

당장 좋은 점수를 내야겠다고 생각한다.

그 결과 겉으로는 좋은 성적을 받을지 모르나,

알고 보면 실력은 별로일 가능성이 비교적 높다.[11]

실패를 피하는 데 능하지만,

그만큼 자신의 실력을 향상시킬 기회도 잃고 있는 것이다.

결국 실패를 피하고 싶은 마음이 너무나 큰 나머지,

진짜 목적인 실력 향상을 놓치는 현상이 일어난다.

혹은 누군가에게 실패한 것처럼 보이기 싫어서

겉으로만 번지르르하게 성공을
가장하기도 한다.

때로는 단지 남들에게 실패한 것처럼 보이기 싫어서
문제가 많은데 아무 문제도 없는 척 숨기거나,
심한 경우 행복을 가장하며 자기 자신까지 속인다.
'실패하는 건 괜찮아도 실패한 것처럼 보이는 건
참을 수 없어. 남들에게 성공하고 있는 것처럼 보이면
그걸로 된 거야.'

근데 그건 정말 실패한 게 아니게 되는 걸까?
실패했다고 보는 주위의 시선이 싫어서
자기 삶을 기만으로 가득 채우는 건 정말 잘 살고 있는 것일까?
그건 나를 위한 삶이긴 한 걸까?

한때 조금도 행복하지 않았지만
오직 다른 사람들에게 내세우기 좋다는 이유로
어떤 직업을 갖고 어떤 외양을 추구하며 살아야겠다고
생각하던 적이 있다.
그때는 그게 바로 내가 원하는 것이라고
스스로를 철저하게 속이고 있어서 그 모든 몸부림이
'오직 누군가에게 보이기 위해서'인 줄도 몰랐던 것 같다.

하지만 조금씩 겉으로 번듯해져가도
정작 나 자신은 하나도 행복하지 않다는 것을 깨닫게 되었다.
번지르르한 겉과 마음의 불행 사이의 갭이
걷잡을 수 없이 커졌을 때 사실은 헛살았다고 고백하게 되었다.
그럴싸해 보이기 위해서 달려온 삶이었음을,
행복하지 않았음을, 실패였음을 똑바로 바라보게 되었다.

실패임을 알았지만 속은 시원했다.
비로소 자기기만을 매듭짓고 새로운 출발을 할 수 있었기에.

정말 무서운 건 실패보다 실패를 피하겠다는 이유로
내 삶을 내던져버리는 일인 것 같다.
이것보다는 차라리 방황하는 게 나아 보인다.

방황하는 한, 계속 찾아나서는 한 우리는 괜찮다.

집중을 방해하는
두려움

실패에 대한 두려움은 목적달성에
전념하는 것을 막는다.

중요한 시험을 앞두고 있을 때였다.
나는 그때 실패에 대한 불안감과
두려움을 엄청 느끼고 있었다.
'만약 잘 안 되면, A, B, C를 해야지.
그럼 괜찮을 거야'라는 생각을 하며
시험 전부터 실패에 대한 대비책 또는
백업플랜backup plan을 부랴부랴 세워두고 있었다.

친한 선생님께 이런 장대한 계획들을 이야기했다.
그런데 선생님은 신중한 것은 좋지만
사람이 발을 담글 구덩이를 너무 여기저기 파놓고 있으면
이도저도 아닌 곳에 빠지게 될 수 있다고 이야기하셨다.

어딘가 허점을 찔린 기분이 들었다.
그래서 다른 계획을 멈추고 당장 해야 할 일이었던
시험 준비에 더 신경을 쏟자고 다짐했다.

생각해보면 물리적으로 투자할 수 있는
시간이나 노력이 분산되는 것도 문제였지만,
태도의 문제가 컸던 것 같다.
무엇을 본격적으로 시작하기 전에 도망갈 구석부터
여기저기 마련해놓고 다니는 사람이
목표달성 시 산재하는 수많은 난관을 뚫고
결승점까지 도달하는 것이 가능할까?

목표가 좌절되기 이전에, 그 과정에서 어려움을 만나게 되면
'역시 A가, B가, C가 좋지 않았을까'라는 생각부터 하게 되고
냅다 방향을 틀게 되지 않을까?
그리고 막상 다른 목표들을 좇는다 해도,
가지 않은 길처럼 경험해보지 않은 대안이
막연히 좋아 보이지 않을까?
그렇게 계속 일찌감치 도망만 다니느라
그 어떤 것에도 열중하지 않은 채 모든 것에
뜨뜻미지근한 사람이 되어버리지 않을까?

도망가다
길을 잃는 것

최근 한 연구에 의하면
실제로 도망갈 구석을 여러 군데 만들어놓으면
처음 정한 목표를 달성할 확률이 낮아진다고 한다.[12]
단순히 대비책을 떠올리기만 해도
원래 추구하던 목표가 덜 매력적으로 느껴지고
성취 수준이 떨어지는 현상이 나타났다.
역시나 실패가 두려워 발을 뺄수록
실제로 실패하게 된다는 것이다.
물론 큰 위험 부담이 따르고
자신의 힘으로 이루기 어려운 일의 경우
대비책을 준비하는 것이 필요하다.
하지만 어느 정도 스스로 할 수 있는 일이거나
어느 정도 감당할 수 있는 일이라면
다른 데 정신을 분산시키기 전에
일단 그 일에 온전히 부딪혀보는 것이 좋지 않을까?

도망갈 자리를 봐두느라 원래 가려던 길을 잃는 것은
짧은 인생의 크나큰 낭비일 것이다.

돌다리도 두드려보고 건너라고는 했지만,
걱정이 심한 나머지 돌다리에 바주카포를 쏴버리는 일은
없어야 하지 않겠는가.

비행기를 만들까,
낙하산을 만들까

평소 실패를 두려워하는 정도는 사람마다 다르다.
같은 목표를 추구해도 어떤 사람은 실패를 별로 고려하지 않고
성공했을 때의 기쁨만을 생각하며 달려간다.
반면 또 어떤 사람은 성공의 기쁨을 떠올리기보다는
크게 실패하지만 않았으면 좋겠다고 생각하며
조심스럽게 목표를 행동에 옮긴다.
당신은 어떤 편에 속하는가?

흔히 전자를 보상에 민감한 '향상동기'라고 하고
후자를 보상보다 실패에 민감한 '예방동기'라고 한다.13
일반적으로 향상동기가 높은 사람들이
비교적 진취적이고 낙관적인 경향이 있으나
예방동기가 높은 사람들이 신중하고 정확하게
일을 처리하는 경향이 있어
무엇이 더 좋은 특성이라고 단정 짓기는 어렵다.

흔히 하는 말로 예를 들자면,
향상동기가 높은 사람들이 비행기를 만든다면
예방동기가 높은 사람들이 낙하산을 만든다고나 할까?14

중요한 것은 자신이 어떤 쪽으로 더 쉽게 동기부여가 되는지를 알고
자신에게 맞는 동기부여 전략을 선택하는 것이다.

향상동기 VS.
예방동기

향상동기가 높은 사람들은 성공한 사람을 보았을 때, 예방동기가
높은 사람들은 실패한 사람들을 보았을 때 각각 "저 사람처럼 성공
해야지" 또 "저 사람처럼 되지 말아야지"라며 동기부여가 되어 더
열심히 공부할 마음을 먹는다.[15]

공부나 일을 할 때에도 마찬가지로 적합한 동기부여 전략은 수행
수준을 높여준다. 학생들에게 데드라인을 주고 간단한 리포트를
작성하라고 한다. 한 조건의 학생들에게는 리포트를 쓰면 좋을 시
간, 장소, 리포트를 더 재미있고 흥미롭게 만들 수 있는 방법(성공/
성취하는 방법을 떠올리는 향상전략)에 대해 생각해보라고 했고
다른 조건의 학생들에게는 리포트를 쓰기 안 좋을 것 같은 시간,
장소, 리포트를 망치지 않기 위해 조심해야 할 것들에 대해 생각해
보게 했다(실패를 막는 방법을 떠올리는 예방전략).

어떤 학생들이 더 계획대로 리포트를 잘 작성하며 제때 제출했을까? 긍정적으로 생각하라는 흔한 이야기들을 생각해보면 실패를 막는 방법보다 잘할 방법을 떠올린 학생들이 더 좋은 성과를 보였을 것 같다. 하지만 결과는 그렇지 않았다. 리포트를 준비하며 향상전략을 쓴 조건과 예방전략을 쓴 조건 간 차이는 없었고 '어떤 사람이 어떤 전략을 썼는가'에 의한 차이만 있었다.[16]

원래 향상동기가 높은 학생들이 향상전략을 썼을 때와 원래 예방동기가 높은 학생들이 예방전략을 썼을 때 각각 리포트 완성률이 제일 높았던 것이다. 즉 어떤 전략을 쓰느냐보다 '그 전략이 잘 어울리는 사람이 썼느냐'라는 사람-전략 간의 적합도가 더 중요했고, 사람-전략 적합도가 높은 경우에서 그렇지 않은 경우(향상동기-향상전략, 예방동기-예방전략)에 비해 리포트 완성률이 50퍼센트나 더 높게 나타났다.

실패와
낙오는 다르다

그 밖에도 다양한 연구들이
'모두에게 좋은 만능 동기부여 전략'은 없으며
아무리 좋은 전략도 본인과 맞지 않다면
별로 소용이 없다는 사실을 확인했다.
성취의 기쁨보다 실패의 두려움이 더 크게 다가온다면,
즉 예방동기가 높은 사람이라면,
억지로 보상의 기쁨을 떠올리고
무엇을 잃을까보다 무엇을 얻을까에 집중하며
열정을 불태우려는 노력이
별로 소용이 없을 수 있다는 것이다.

당신은 둘 중 어떤 동기가 더 높은 사람인가?
과거에 스스로가 자랑스러웠던 일들을 떠올려보자.

위기를 넘긴 경험이 주로 떠오르는가,
무언가를 새롭게 성취한 경험이 주로 떠오르는가?
물론 한쪽에 치우쳐져 있지 않을 수도 있다.
골칫거리였던 문제를 해결한 일들이 주로 떠오른다면
당신은 상대적으로 예방동기가 높을 가능성이,
간절히 원했던 무언가를 성취했던 경험들이 떠오른다면
당신은 상대적으로 성취동기가 높을 가능성이 있다.

내 안의 원동력이 발현되는 조건을 잘 발견해보자.

실패는 낙오와 다르다.
우리는 실패를 두려워하기 때문에
실패하지 않기 위한 준비를 하게 된다.

하지만 실패를 통해 배운 것들은 성장을 위한
자산으로 남는다.
잘못을 매듭짓고 더 나은 모습으로 출발할 수 있다는 점에서
실패는 새 출발이기도 하다.
또다시 실패한다고 해도,
그것은 인생에 목표와 꿈을 가지고 살아가는 사람이 겪는
자연스러운 일일 뿐이다.

그러니 자신에게 '낙오자'라는 낙인 대신
그만큼 성장했다는 축하와 격려를 건네 보는 것은 어떨까?

자, 이제 다시 한 번 체크해보자.
다음 문장들에 얼마나 동의하는가?

• 후회는 어떤 목표에 대한 열정이 있음을 반증한다.
• 실패가 항상 부정적인 영향을 미치는 것은 아니다.
• 실패를 자주 할수록 좌절을 극복하는 것이 쉬워진다.
• 실패를 거듭하더라도 성공할 수 있다.
• 실패를 통해 성장할 수 있다.
• 실패에 대한 두려움이 크다면 '예방전략'으로 극복할 수 있다.

마음아,
어디서든 나를
잃지 말아줘

인생은 고통일까요? 인생이 전반적으로 어떠한 것인지 잘 알지는
못하지만, 한 가지 확실한 건 때때로 인생에는 고통이 찾아온다는
사실입니다. 고통은 뜻밖의 나쁜 일이나 실패 등 외적 사건을 통해
서도 찾아오지만 많은 경우 자기 자신 때문에 찾아옵니다.

우리는 너무나도 쉽게, 스스로에게 높은 기준을 세우고 자신을 가
혹하게 몰아붙이며 나의 약점에만 주의를 기울입니다. 하지만 지
금까지 나를 버티게 해준 강점들에는 눈길을 잘 주지 않습니다. 편
파적 자기지각을 갖고 있는 것이죠.
뿐만 아니라 부정적인 감정들이 밀려올 때면 이 감정들이 보내는
'(나에 대한) 상태 메시지'를 확인하고 잘 다스리기보다, 감정을 과
대해석해서 삶이 끝나버린 것 같은 절망적인 감정에 빠집니다.

몸과 마음이 분명히 지쳐 있을 때에도 악덕 고용주처럼 의지력을 짜내보려고 애쓰며 정신력을 착취하고 마음에 즐거움과 휴식을 허락하지 않습니다.

충분히 있을 수 있는 실패에 대해서도 나는 이래서 안 된다는 등 극단적인 해석을 내리거나, 내가 통제할 수 없었던 일에 대해 과도한 죄책감을 갖게 된 나머지 아무것도 못 하는 무기력 상태에 빠지기도 합니다. 이렇게 수많은 괴로움의 원인은 '나 자신'입니다.

이 책에서는 이렇게 스스로를 괴롭히는 행위들을 어떻게 해소할 수 있을지에 대한 힌트를 찾아보려고 했습니다. 그간 나 자신에게 가혹하기만 했다면 꼭 그러지 않아도 된다는 것을, 우리에겐 그러지 않을 능력이 있음을 기억해봅시다. 나의 약점을 솔직히 바라보되 나 자신의 너그러운 조력자이자 지지자가 되어봅시다.

감정의 메시지를 솔직히 받아들이되 지나치게 감정에 휩쓸리지 않도록 합시다. 내가 내 감정의 주인이며, 감정을 완전히 마음대로 하지는 못해도 운전대를 잡고 방향을 결정할 능력이 있다는 사실을 기억해봅시다.

힘들면 돌아가거나 멈춰도 좋습니다. 어떤 길에서든지 나를 잃지 않는 것, 나를 챙기는 것이 가장 중요하니까요.

우리가 스스로를 조금 더 잘 돌볼 수 있을 때 우리의 삶은, 태어났으니까 그냥 살아지는 것이 아니라 적극적이고 능동적으로 임하는 삶이 되리라 믿습니다.

이 다시 맑은 날이 올 거야

1. Silvia, P. J. & Eddington, K. M. (2012) Self and emotion. In M. R. Leary & J. P. Tangney (Eds.), *Handbook of Self and Identity* (pp. 425-445). New York: Guilford Press.

2. Metcalfe, J., & Mischel, W. (1999). A hot/cool-system analysis of delay of gratification: dynamics of willpower. *Psychological Review, 106*, 3-19.

3. Holmes, E. A., Coughtrey, A. E., & Connor, A. (2008). Looking at or through rose-tinted Glasses? Imagery perspective and positive mood. *Emotion, 8*, 875-879.

4. Higgins, E. T. (1987). Self- discrepancy: A theory relating self and affect. *Psychological Review, 94*, 319 - 340.

5. Ingram, R. E. (1984). Toward an information processing analysis of depression. *Cognitive Therapy and Research, 8*, 443 - 477.

6. 1번과 동일

7. Hewitt, P. L., & Flett, G. L. (1991). Perfectionism in the self and social contexts: Conceptualization, assessment, and association with psychopathology. *Journal of Personality and Social Psychology, 60*, 456 - 470.

8. Martin, D., Abramson, L., & Alloy, L. (1984). Illusion of control for self and others in depressed and nondepressed college students. *Journal of Personality and Social Psychology, 46*(1), 125 - 136.

9. Rusting, C. L. (1998). Personality, mood, and cognitive processing of emotional

information: three conceptual frameworks. *Psychological Bulletin, 124*, 165–196.

10. Wilson, T. D., & Gilbert, D. T. (2003). Affective forecasting. *Advances in Experimental Social Psychology, 35*, 345–411.

11. Frederick, S., & Loewenstein, G. (1999). Hedonic adaptation. In D. Kahneman, E. Diener, & N. Schwarz (Eds.), *Well being. The foundations of hedonic psychology* (pp. 302 – 329). New York: Russell Sage Foundation.

12. Suedfeld, P., Ramirez, C., Deaton, J., & Baker–Brown, G. (1982). Reactions and attributes of prisoners in solitary confinement. *Criminal Justice and Behavior, 9*, 303–340.

13. Bruehlman–Senecal, E., & Ayduk, O. (2015). This too shall pass: Temporal distance and the regulation of emotional distress. *Journal of Personality and Social Psychology, 108*, 356 – 375.

14. Bruehlman–Senecal, E., Ayduk, Ö., & John, O. P. (2016). Taking the long view: Implications of individual differences in temporal distancing for affect, stress reactivity, and well–being. *Journal of Personality and Social Psychology*. Advance online publication. http://dx.doi.org/10.1037/pspp0000103

15. 14번과 동일

02 내 마음에 드는 삶

1. Sanusi, v., (2016, Dec 1). *This Youtuber was shamed on instagram by commenters asking where dark skinned girls get their confidence from.* BuzzFeedNews.

2. Cvencek, D., Greenwald, A. G., & Meltzoff, A. N. (2016). Implicit measures for preschool children confirm self–esteem's role in maintaining a balanced identity. *Journal of Experimental Social Psychology, 62*, 50–57.

3. Leary, M. R. (2003). Individual differences in self–esteem: A review and theoretical integration. In M. R. Leary & J. P. Tangney (Eds.), *Handbook of self and identity*. New York: Guilford Press.

4. Crocker, J., & Park, L. E. (2004). The costly pursuit of self–esteem. *Psychological Bulletin, 130*, 392–414.

5. Bushman, B. J., & Baumeister, R. F. (1998). Threatened egotism, narcissism,

self-esteem, and direct and displaced aggression: Does self-love or self-hate lead to violence?. *Journal of Personality and Social Psychology, 75*, 219–229.

6. Kernis, M. H., Cornell, D. P., Sun, C. R., Berry, A., & Harlow, T. (1993). There's more to self-esteem than whether it is high or low: The importance of stability of self-esteem. *Journal of Personality and Social Psychology, 65*, 1190–1204.

7. Crocker, J., & Park, L. E. (2003). Seeking self-esteem: Construction, maintenance, and protection of self-worth. In M. R. Leary & J. P. Tangney (Eds.), *Handbook of self and identity*. New York: Guilford Press.

8. Sherman, D. K., & Cohen, G. L. (2006). The psychology of self-defense: Self-affirmation theory. *Advances in Experimental Social Psychology, 38*, 183–242.

9. Creswell, J. D., Dutcher, J. M., Klein, W. M. P., Harris, P. R., & Levine, J. L. (2013). Self-affirmation improves problem-solving under stress. *PLoS ONE, 8*, Article e62593.

10. Kang, S. K., Galinsky, A. D., Kray, L. J., & Shirako, A. (2015). Power affects performance when the pressure is on evidence for low-power threat and high-power lift. *Personality and Social Psychology Bulletin, 41*, 726–735.

11. Crocker, J., & Wolfe, C. T. (2001). Contingencies of self-worth. *Psychological Review*, 108, 593–623.

12. 6번과 동일

13. Dunning, D., Meyerowitz, J. A., & Holzberg, A. D. (1989). Ambiguity and self-evaluation: The role of idiosyncratic trait definitions in self-serving assessments of ability. *Journal of Personality and Social Psychology, 57*, 1082–1090.

14. Crocker, J., & Park, L. E. (2003). Seeking self-esteem: Construction, maintenance, and protection of self-worth. In M. R. Leary & J. P. Tangney (Eds.), *Handbook of self and identity*. New York: Guilford Press.

15. Crocker, J., Luhtanen, R. K., Cooper, M. L., & Bouvrette, A. (2003). Contingencies of self-worth in college students: Theory and measurement. *Journal of Personality and Social Psychology, 85*, 894–908.

16. 3번과 동일

17. King, L. A., Hicks, J. A., Krull, J. L., & Del Gaiso, A. K. (2006). Positive affect and the experience of meaning in life. *Journal of Personality and Social Psychology, 90*, 179–196.

18. Killingsworth, M. A., & Gilbert, D. T. (2010). A wandering mind is an unhappy mind. *Science, 330*, 932–932.

19. Wilson, T. D., Centerbar, D. B., Kermer, D. A., & Gilbert, D. T. (2005). The pleasures of uncertainty: Prolonging positive moods in ways people do not anticipate. *Journal of Personality and Social Psychology, 88*, 5–21.

20. Emmons, R. A., & McCullough, M. E. (2003). Counting blessings versus burdens: An experimental investigation of gratitude and subjective well–being in daily life. *Journal of Personality and Social Psychology, 84*, 377–389.

21. Aknin, L. B. et al. (2013). Prosocial spending and well–being: Cross–cultural evidence for a psychological universal. *Journal of Personality and Social Psychology, 104*, 635–652.

22. Lyubomirsky, S., & Layous, K. (2013). How do simple positive activities increase well–being?. *Current Directions in Psychological Science, 22*, 57–62.

23. Thoits, P. A., & Hewitt, L. N. (2001). Volunteer work and well–being. *Journal of Health and Social Behavior, 42*, 115–131.

24. Newman, D. B., Tay, L., & Diener, E. (2014). Leisure and subjective well–being: A model of psychological mechanisms as mediating factors. *Journal of Happiness Studies, 15*, 555–578.

25. Neff, K. D. (2003). Self–compassion: An alternative conceptualization of a healthy attitude toward oneself. *Self and Identity, 2*, 85 – 102.

26. Neff, K. D., & Dahm, K. A. (2015). Self–compassion: what it is, what it does, and how it relates to mindfulness. In *Handbook of mindfulness and self-regulation* (pp. 121–137). Springer New York.

03 그럴 수도 있지

1. Ong, A. D., Bergeman, C. S., Bisconti, T. L., & Wallace, K. A. (2006). Psychological resilience, positive emotions, and successful adaptation to stress in later life. *Journal of Personality and Social Psychology, 91*, 730–749.

2. Bushman, B. J., Baumeister, R. F., & Stack, A. D. (1999). Catharsis, aggression, and persuasive influence: Self–fulfilling or self–defeating prophecies?. *Journal of*

Personality and Social Psychology, 76, 367-376.

3. Carlsmith, K. M., Wilson, T. D., & Gilbert, D. T. (2008). The paradoxical consequences of revenge. *Journal of Personality and Social Psychology, 95*, 1316-1324.

4. Bushman, B. J., Baumeister, R. F., & Phillips, C. M. (2001). Do people aggress to improve their mood? Catharsis beliefs, affect regulation opportunity, and aggressive responding. *Journal of Personality and Social Psychology, 81*, 17-32.

5. 미치 앨봄 & 모리 슈워츠. (2010). 모리와 함께한 화요일. 살림.

6. Nolen-Hoeksema, S. (2000). The role of rumination in depressive disorders and mixed anxiety/depressive symptoms. *Journal of Abnormal Psychology, 109*, 504-511.

7. Kashdan, T. B., Barrett, L. F., & McKnight, P. E. (2015). Unpacking emotion differentiation: transforming unpleasant experience by perceiving distinctions in negativity. *Current Directions in Psychological Science, 24*, 10 - 16.

8. Kashdan, T. B., & Farmer, A. S. (2014). Differentiating emotions across contexts: Comparing adults with and without social anxiety disorder using random, social interaction, and daily experience sampling. *Emotion, 14*, 629 - 638.

9. Kircanski, K., Lieberman, M. D., & Craske, M. G. (2012). Feelings into words: Contributions of language to exposure therapy. *Psychological Science, 23*, 1086 - 1091.

10. Lepore, S. J. (1997). Expressive writing moderates the relation between intrusive thoughts and depressive symptoms. *Journal of Personality and Social Psychology, 73*, 1030-1037.

11. Quoidbach, J., Gruber, J., Mikolajczak, M., Kogan, A., Kotsou, I., & Norton, M. I. (2014). Emodiversity and the emotional ecosystem. *Journal of Experimental Psychology: General, 143*, 2057-2066.

12. Gross, J. J., Richards, J. M., & John, O. P. (2006). Emotion regulation in everyday life. In D. K. Snyder, J. Simpson, & J. N. Hughes (Eds.), *Emotion Regulation in Couples and Families: Pathways to Dysfunction and Health* (pp. 13 - 35). Washington, DC: American Psychological Association.

13. 12번과 동일

14. Gross, J. J. (2002). Emotion regulation: Affective, cognitive, and social consequences. *Psychophysiology, 39*, 281-291.

1. Baumeister, R. F., Vohs, K. D., & Tice, D. M. (2007). The strength model of self-control. *Current Directions in Psychological Science, 16*, 351–355.

2. Schmeichel, B. J., Vohs, K. D., & Baumeister, R. F. (2003). Intellectual performance and ego depletion: Role of the self in logical reasoning and other information processing. *Journal of Personality and Social Psychology, 85*, 33–46.

3. Vohs, K. D., Baumeister, R. F., & Ciarocco, N. J. (2005). Self-regulation and self-presentation: Regulatory resource depletion impairs impression management and effortful self-presentation depletes regulatory resources. *Journal of Personality and Social Psychology, 88*, 632–657.

4. Stucke, T. S., & Baumeister, R. F. (2006). Ego depletion and aggressive behavior: Is the inhibition of aggression a limited resource? *European Journal of Social Psychology, 36*, 1–13.

5. Fredrickson, B. L., & Levenson, R. W. (1998). Positive emotions speed recovery from the cardiovascular sequelae of negative emotions. *Cognition & Emotion, 12*, 191–220.

6. MacDonald, G., & Leary, M. R. (2005). Why does social exclusion hurt? The relationship between social and physical pain. *Psychological Bulletin, 131*, 202–223.

7. Sussman, D., Pang, E. W., Jetly, R., Dunkley, B. T., & Taylor, M. J. (2016). Neuroanatomical features in soldiers with post-traumatic stress disorder. *BMC Neuroscience, 17*, 13.

8. Rusch, H. L., Shvil, E., Szanton, S. L., Neria, Y., & Gill, J. M. (2015). Determinants of psychological resistance and recovery among women exposed to assaultive trauma. *Brain and Behavior, 5*, e00322.

9. Tracy, J. L., & Tangney, J. P. (2012) Self-conscious emotions. In M. R. Leary & J. P. Tangney (Eds.), *Handbook of Self and Identity* (pp. 446–478). New York: Guilford Press.

10. Kubany, E. S., Abueg, F. R., Owens, J. A., Brennan, J. M., Kaplan, A. S., & Watson, S. B. (1995). Initial examination of a multidimensional model of trauma-related guilt: Applications to combat veterans and battered women. *Journal of Psychopathology and Behavioral Assessment, 17*, 353–376.

11. Tracy, J. L., & Tangney, J. P. (2012) Self-conscious emotions. In M. R. Leary & J. P. Tangney (Eds.), *Handbook of Self and Identity* (pp. 446–478). New York: Guilford Press

12. Uchino, B. N., Cacioppo, J. T., & Kiecolt–Glaser, J. K. (1996). The relationship between social support and physiological processes: A review with emphasis on underlying mechanisms and implications for health. *Psychological Bulletin, 119*, 488–531.

13. Janoff–Bulman, R., Timko, C., & Carli, L. L. (1985). Cognitive biases in blaming the victim. *Journal of Experimental Social Psychology, 21*, 161–177.

14. Hafer, C. L. (2000). Do innocent victims threaten the belief in a just world? Evidence from a modified Stroop task. *Journal of Personality and Social Psychology, 79*, 165–173.

15. Tugade, M. M. (2011). Positive emotions and coping: Examining dual–process models of resilience. In S. Folkman (Ed.), *The Oxford handbook of stress, health, and coping* (pp. 186 – 199). New York, NY: Oxford University Press.

16. Algoe, S. B., & Fredrickson, B. L. (2011). Emotional fitness and the movement of affective science from lab to field. *American Psychologist, 66*, 35–42.

17. Charles, S. T., Piazza, J. R., Mogle, J., Sliwinski, M. J., & Almeida, D. M. (2013). The wear and tear of daily stressors on mental health. *Psychological Science, 24*, 733–741.

18. Galinsky, A. D., Magee, J. C., Gruenfeld, D. H., Whitson, J. A., & Liljenquist, K. A. (2008). Power reduces the press of the situation: implications for creativity, conformity, and dissonance. *Journal of Personality and Social Psychology, 95*, 1450–1466.

19. Keltner, D., Gruenfeld, D. H., & Anderson, C. (2003). Power, approach, and inhibition. *Psychological Review, 110*, 265–284.

20. Mani, A., Mullainathan, S., Shafir, E., & Zhao, J. (2013). Poverty impedes cognitive function. *Science, 341*, 976–980.

21. Sturge–Apple, M. L., Suor, J. H., Davies, P. T., Cicchetti, D., Skibo, M. A., & Rogosch, F. A. (2016). Vagal tone and children's delay of gratification: Differential sensitivity in resource–poor and resource–rich environments. *Psychological Science*, 0956797616640269.

1. Baumeister, R. F., & Leary, M. R. (1995). The need to belong: desire for interpersonal attachments as a fundamental human motivation. *Psychological Bulletin, 117*, 497-529.

2. Leary, M. R. (1995). *Self-presentation: Impression management and interpersonal behavior.* Madison, WI: Brown & Benchmark.

3. Bohns, V. K., Roghanizad, M. M., & Xu, A. Z. (2014). Underestimating our influence over others' unethical behavior and decisions. *Personality and Social Psychology Bulletin, 40*, 348-362.

4. Bègue, L., Beauvois, J. L., Courbet, D., Oberlé, D., Lepage, J., & Duke, A. A. (2015). Personality predicts obedience in a Milgram paradigm. *Journal of Personality, 83*, 299-306.

5. 3번과 동일

6. Romm, C. (2016, Dec 8). *Here's the most effective way to say no to things you don't want to do.* New York magazine.

7. 1번과 동일

8. Langens, T. A., & Schüler, J. (2005). Written emotional expression and emotional well-being: The moderating role of fear of rejection. *Personality and Social Psychology Bulletin, 31*, 818-830.

9. Coyne, J. C., & Downey, G. (1991). Social factors and psychopathology: Stress, social support, and coping processes. *Annual Review of Psychology, 42*, 401-425.

10. Resnick, B. (2016, Oct 10). *Why we need loneliness. Vox.*

11. Cacioppo, J. T., & Patrick, W. (2008). *Loneliness: Human nature and the need for social connection.* New York: W.W. Norton.

12. Holt-Lunstad, J., Smith, T. B., Baker, M., Harris, T., & Stephenson, D. (2015). Loneliness and social isolation as risk factors for mortality a meta-analytic review. *Perspectives on Psychological Science, 10*, 227-237.

13. Schreier, H. M., Schonert-Reichl, K. A., & Chen, E. (2013). Effect of volunteering on risk factors for cardiovascular disease in adolescents: A randomized controlled trial. *JAMA pediatrics, 167*, 327-332.

14. Stewart, L. A., Dispenza, F., Parker, L., Chang, C. Y., & Cunnien, T. (2014). A

pilot study assessing the effectiveness of an animal-assisted outreach program. *Journal of Creativity in Mental Health, 9*, 332-345.

15. Spielmann, S. S., MacDonald, G., Maxwell, J. A., Joel, S., Peragine, D., Muise, A., & Impett, E. A. (2013). Settling for less out of fear of being single. *Journal of Personality and Social Psychology, 105*, 1049-1073.

16. DePaulo, B. (2014). A Singles Studies perspective on mount marriage. *Psychological Inquiry, 25*, 64-68.

17. Erez, A., & Judge, T. A. (2001). Relationship of core self-evaluations to goal setting, motivation, and performance. *Journal of Applied Psychology, 86*, 1270-1279.

18. Bollmer, J. M., Harris, M. J., & Milich, R. (2006). Reactions to bullying and peer victimization: Narratives, physiological arousal, and personality. *Journal of Research in Personality, 40*, 803-828.

19. Jensen-Campbell, L. A., Knack, J. M., & Rex-Lear, M. (2009). Personality and social relations. In P. J. Corr & G. Matthews (Eds.), *Cambridge handbook of personality psychology* (pp. 506 – 523). Cambridge: Cambridge University Press.

20. Gailliot, M. T. et al. (2007). Self-control relies on glucose as a limited energy source: willpower is more than a metaphor. *Journal of Personality and Social Psychology, 92*, 325-336.

21. Bushman, B. J., DeWall, C. n., Pond, R. S., & Hanus, M. D. (2014). Low glucose relates to greater aggression in married couples. *Proceedings of the national Academy of Sciences, 111*, 6254-6257.

22. Baumeister, R. F., Gailliot, M., DeWall, C. N., & Oaten, M. (2006). Self-regulation and personality: how interventions increase regulatory success, and how depletion moderates the effects of traits on behavior. *Journal of Personality, 74*, 1773-1802.

23. Jang, K. L., Livesley, W. J., & Vernon, P. A. (1996). Heritability of the Big Five Personality Dimensions and Their Facets: A Twin Study. *Journal of Personality, 64*, 577-591.

24. Lucas, R. E., Diener, E., Grob, A., Suh, E. M., & Shao, L. (2000). Cross-cultural evidence for the fundamental features of extraversion. *Journal of Personality and Social Psychology, 79*, 452-468.

25. Fleeson, W., Malanos, A. B., & Achille, N. M. (2002). An intraindividual process approach to the relationship between extraversion and positive affect: Is acting

extraverted as "good" as being extraverted? *Journal of Personality and Social Psychology, 83*, 1409-1422.

26. Thayer, R. E. (1990). The biopsychology of mood and arousal. *Oxford University Press.*

27. Lent, R. W., & Brown, S. D. (2008). Social cognitive career theory and subjective well-being in the context of work. *Journal of Career Assessment, 16*, 6-21.

28. Grant, A. M. (2013). Rethinking the extraverted sales ideal: The ambivert advantage. *Psychological Science, 24*, 1024-1030.

29. Campos, B., Schoebi, D., Gonzaga, G. C., Gable, S. L., & Keltner, D. (2015). Attuned to the positive? Awareness and responsiveness to others' positive emotion experience and display. *Motivation and Emotion, 39*, 780-794.

30. English, T., & Carstensen, L. L. (2014). Selective narrowing of social networks across adulthood is associated with improved emotional experience in daily life. *International Journal of Behavioral Development, 38*, 195-202.

31. Noah, T. (2016). *Born a crime: Stories from a South African childhood.* Spiegel & Grau.

32. Wilson, T. D., Reinhard, D. A., Westgate, E. C., Gilbert, D. T., Ellerbeck, N., Hahn, C., ... & Shaked, A. (2014). Just think: The challenges of the disengaged mind. *Science, 345*, 75-77.

06 실패가 뭐 어때서

1. Nolen-Hoeksema, S., Wisco, B. E., & Lyubomirsky, S. (2008). Rethinking rumination. *Perspectives on Psychological Science, 3*, 400-424.

2. Medvec, V. H., Madey, S. F., & Gilovich, T. (1995). When less is more: counterfactual thinking and satisfaction among Olympic medalists. *Journal of personality and social psychology, 69*(4), 603-610.

3. Wrosch, C., Bauer, I., & Scheier, M. F. (2005). Regret and quality of life across the adult life span: The influence of disengagement and available future goals. *Psychology and Aging, 20*, 657 - 670.

4. King, L. A., & Hicks, J. A. (2007). Whatever happened to" What might have been"? Regrets, happiness, and maturity. *American Psychologist, 62*, 625-636.

5. Dweck, C. S., & Molden, D. C. (2005). Self-theories: Their impact on competence and acquisition. In A. J. Elliot & C. S. Dweck (Eds.), *The handbook of competence and motivation* (pp. 122 - 140). New York: Guilford Press.

6. Howe, L. C., & Dweck, C. S. (2016). Changes in self-definition impede recovery from rejection. *Personality and Social Psychology Bulletin, 42*, 54-71.

7. Cobb, R. A., DeWall, C. N., Lambert, N. M., & Fincham, F. D. (2013). Implicit theories of relationships and close relationship violence: does believing your relationship can grow relate to lower perpetration of violence? *Personality and Social Psychology Bulletin, 39*, 279-290.

8. Heine, S. J., Kitayama, S., Lehman, D. R., Takata, T., Ide, E., Leung, C., & Matsumoto, H. (2001). Divergent consequences of success and failure in japan and north america: an investigation of self-improving motivations and malleable selves. *Journal of Personality and Social Psychology, 81*, 599-615.

9. Downar, J., Bhatt, M., & Montague, P. R. (2011). Neural correlates of effective learning in experienced medical decision-makers. *PloS one, 6*, e27768.

10. Eccles, J. S., & Wigfield, A. (2002). Motivational beliefs, values, and goals. *Annual Review of Psychology, 53*, 109-132.

11. 10번과 동일

12. Shin, J., & Milkman, K. L. (2016). How backup plans can harm goal pursuit: The unexpected downside of being prepared for failure. *Organizational Behavior and Human Decision Processes, 135*, 1-9.

13. Higgins, E. T. (1998). Promotion and prevention: Regulatory focus as a motivational principle. *Advances in Experimental Social Psychology, 30*, 1-46.

14. Roskes, M., De Dreu, C. K., & Nijstad, B. A. (2012). Necessity is the mother of invention: Avoidance motivation stimulates creativity through cognitive effort. *Journal of Personality and Social Psychology, 103*, 242-256.

15. Lockwood, P., Jordan, C. H., & Kunda, Z. (2002). Motivation by positive or negative role models: regulatory focus determines who will best inspire us. *Journal of Personality and Social Psychology, 83*, 854-864.

16. Spiegel, S., Grant-Pillow, H., & Higgins, E. T. (2004). How regulatory fit enhances motivational strength during goal pursuit. *European Journal of Social Psychology, 34*, 39-54.

내 마음을 부탁해

초판 1쇄 발행일 2017년 3월 23일
초판 6쇄 발행일 2021년 10월 25일

지은이 박진영

발행인 박헌용, 윤호권
발행처 ㈜시공사 **주소** 서울시 성동구 상원1길 22, 6-8층(우편번호 04779)
대표전화 02-3486-6877 **팩스(주문)** 02-585-1755
홈페이지 www.sigongsa.com / www.sigongjunior.com

ⓒ 박진영, 2017

ISBN 978-89-527-7808-6 03180

*시공사는 시공간을 넘는 무한한 콘텐츠 세상을 만듭니다.
*시공사는 더 나은 내일을 함께 만들 여러분의 소중한 의견을 기다립니다.
*잘못 만들어진 책은 구입하신 곳에서 바꾸어 드립니다.

: